¿Qué tanto conozco a mi hijo?

¿Qué tanto conozco a mi hijo?

Cinco malestares de nuestro tiempo:
trastornos de alimentación, *bullying*,
depresión, TDAH y autismo

Miriam Martínez Garza • Gustavo Stiglitz
(coordinadores)

Graciela Sobral, José R. Ubieto, Gustavo Stiglitz,
Lizbeth Ponce, Iván Ruiz, Juan Mitre

Grijalbo

¿Qué tanto conozco a mi hijo?
Cinco malestares de nuestro tiempo: trastornos de alimentación,
bullying, *depresión,* TDAH *y autismo*

Primera edición: mayo, 2016

D. R. © 2016, Miriam Martínez Garza y Gustavo Stiglitz

D. R. © 2016, derechos de edición mundiales en lengua castellana:
Penguin Random House Grupo Editorial, S. A. de C. V.
Blvd. Miguel de Cervantes Saavedra núm. 301, 1er piso,
colonia Granada, delegación Miguel Hidalgo, C. P. 11520,
México, D. F.

www.megustaleer.com.mx

ISBN: 978-607-314-350-9

Impreso en México – *Printed in Mexico*

El papel utilizado para la impresión de este libro ha sido fabricado a partir de madera procedente
de bosques y plantaciones gestionadas con los más altos estándares ambientales, garantizando
una explotación de los recursos sostenible con el medio ambiente y beneficiosa para las personas.

Penguin
Random House
Grupo Editorial

Índice

Prefacio 9
Prólogo 15

Trastornos de alimentación: un problema
común en nuestra época 27
Graciela Sobral

Bullying o acoso en la escuela 53
José R. Ubieto

TDAH: ¿cómo pueden unas letras
decir algo sobre mi hijo? 75
Gustavo Stiglitz

¿Se deprimen los niños? 97
Lizbeth Ponce

Educación y autismo 107
Iván Ruiz

Adolescencias hoy 127
Juan Mitre

Conclusiones 139
Los autores 145

Prefacio

Cuando tenía 12 años fui diagnosticada con trastorno obsesivo compulsivo. La enfermedad es tan compleja como su nombre. Un viaje extraordinario por las peores versiones de mí que he llegado a conocer. Tuve anorexia, depresión, fobias extremas y todo tipo de obsesiones. Llegué a pesar 34 kilos a mis 14 años. Mientras mis amigos jugaban, yo estaba medicada, lidiando con cosas que apenas podía comprender. Eventualmente volví a comer, pero eso no arregló nada realmente.

La primera vez que me corté, a los 16 años, sentí que al fin tenía control sobre algo de dolor. Primero lo hacía en mis piernas. Cuando comencé a hacerlo en los brazos, pese a estar rodeada de tanta gente, era impresionante cómo nadie lo notaba.

La última vez que lo hice tenía 22.

Ése fue el día que realmente me perdoné. Me perdoné por todo el daño que les había provocado a mis padres, a mi hermano, a mis amigos. Me perdoné por no haber reaccionado antes. Me perdoné por haberme negado años de felicidad. Pero me di cuenta de que, a pesar de todo, no me había abandonado. Jamás me rendí. Me sostuve. Y decidí salvarme y ser la mejor versión de mí.

Todo este viaje ha sido lo mejor que me ha pasado en la vida porque me ha hecho conocer a gente maravillosa que me dio amor sin esperar respuestas. Y también a gente que me ha enseñado con su rechazo que la responsabilidad de mi bienestar es sólo mía. Y que nada tiene el suficiente poder para lastimarme otra vez.

La primera psicóloga que me atendió me dijo que no me iba a curar. Recuerdo haber leído en internet que jamás en la vida iba a poder ser una persona autosuficiente. Funcional. Que nunca iba a dejar de tomar antidepresivos, antipsicóticos o cualquier cosa parecida. Que era imposible que fuera feliz, porque simplemente mi cerebro, químicamente, no lo permitiría. Que jamás iba a ser "normal". Y qué bueno que no lo soy.

No hay nada tan satisfactorio como callar bocas. Me he dado cuenta de que el día de hoy soy más feliz que nunca antes en mi vida. Soy autosuficiente, no tomo medicinas desde hace años, me dedico a una profesión que me apasiona. Vivo sola, confío en mis decisiones y en mi capacidad para estar bien. Me río todos los días. Estoy enamorada. Mi familia está bien. Sé que hay gente que me quiere y me valora. No podría pedir más. No cambiaría nada del pasado, porque entonces nada de esto me sabría igual.

Escribo todo lo anterior porque sé que no soy la única que ha vivido esto, y al menos si lo cuento, quizá no sea la única regocijándose en un futuro. Jamás te avergüences de quien eres. Jamás te avergüences de tu historia.

Lo que hice fue armarme de valor y ser valiente. Y no quiero olvidarlo jamás.

Andrea

Leí este testimonio en Facebook en el muro de una de las chicas con las que alguna vez trabajé codo a codo. Me sorprendió por varias poderosas razones: primero, no solemos leer algo así en una red social donde se trata de mostrar tu vida perfecta como si fueras celebridad en una revista. Luego, constatar el poder de las palabras en un medio donde todo suele ser trivializado. Las respuestas al *post* de Andrea eran aún más sorprendentes, pues muchos, lejos de los socorridos clichés que suelen recitarse cuando alguien la pasa mal o confiesa una historia difícil, se mostraban identificados, inspirados, permitiéndose incluso mostrarse vulnerables y empáticos; descubrían sus claroscuros psíquicos. Las palabras de Andrea habían resonado en otros. Pero, ¿por qué lo hacía? ¿Era una liberación? ¿Un mostrarse tal cual es? ¿Una venganza? Andrea es una chica guapa y encantadora. Siempre la encontré sonriendo con la mejor actitud. ¡Eso cualquiera lo nota! Pero ni yo misma había percibido los cortes ni por dentro ni por fuera. Quizá muchas veces nos hacemos una idea de la persona con la que estamos antes de darnos cuenta si decidimos, o no, prestarle atención.

Cito el *post* de Andrea, con su anuencia, para introducir lo que quiere hacer este libro: ningún especialista —llámese doctor, psicólogo, psiquiatra o psicoanalista— sustituirá jamás la propia voz y las palabras de alguien que expresa lo que siente, aun cuando aquel que habla no llega a comprenderse a sí mismo por completo. Y si bien nadie puede tomar la responsabilidad personal que compete al otro —eso que Andrea llama "valor" y cuyo origen y proceso no se desvela en su relato— alguien que escuche y pregunte tiene que estar del otro lado para ayudar a subvertir el sentido de palabras que pueden ser vividas como culpa, por ejemplo. "Si 'entender' es comprender el sentido [...] 'Escuchar' es estar tendido hacia un sentido posible y, en consecuencia, no inmediatamente accesible".

¿Qué significa la cura cuando eres joven sino encontrar al fin a alguien que parece comprenderte? Alguien en quien confiar.

Mejor afinar la escucha y la mirada antes que ceder a la pretensión de entender; mejor escuchar el sentido de la queja, la culpa o el dolor de ese niño o joven; mirar lo que se repite, lo que no tolera; escuchar lo que no se dice, lo que hay detrás de la demanda; aquello que se actúa con el cuerpo, que nunca está separado de las emociones.

¿Qué posición toman los padres ante este dolor cuando se manifiesta? No se trata de responder a todas las demandas, ni de hacerlo desde el lugar de un amigo o un cómplice incondicional, sino desde el lugar que da ser padre, que ciertamente no es el de un igual. Los padres no son iguales a sus hijos: la necesidad de la asimetría en una familia es fundamental para que los padres puedan ser padres, y no niños, y para que a los niños no se les exija comportarse como si fueran adultos ni se les permita todo, como si fueran incapaces, o como si la autoridad la tuvieran ellos. El lugar de padre tiene que ver con sostener la palabra, comprometerse con ella para transmitir y también limitar el desborde, los excesos que ponen en riesgo al propio joven y su camino hacia la autonomía. Esto se lleva a cabo desde la autoridad y no desde el autoritarismo. Por eso es tan natural para los niños y jóvenes entregarse a algún exceso (por ejemplo, los videojuegos), pues muchas veces no hay nada que regule ese no-límite.

Ser padre tiene que ver con transmitir que hay algo más valioso que la satisfacción propia e inmediata; con transmitir el interés, la curiosidad, la creencia en algo más que en uno mismo, si es que uno la tiene. En este tiempo que exige y vocifera que lo más importante es uno mismo, no es fácil contradecirlo, especialmente si no hay algo suficientemente valioso para nosotros mismos en la existencia del otro, en vivir como un valor la diferencia del otro. Ser padre tiene que ver con haber vivido más tiempo y tener otras experiencias; con tener deseos propios y diferenciarlos de los de los hijos, con diferenciar también las exigencias y las ambiciones personales, apoyando así el desarrollo de la autonomía del adolescente desde niño, cosa que no llegará sin que los hijos tengan un deseo propio al que puedan acceder y desplegar. Tampoco sin un deseo de los padres hacia cada hijo. Reconocer, pues, a ese niño o adolescente como alguien diferente que no cargue las expectativas de otros sino que sea capaz de construir las propias y hacerse responsable, inclusive de sus padecimientos. Y esto a sabiendas de que no hay niño que no responda de una u otra forma al deseo de sus padres. Ya sea intentando agradarle, ya sea con una rebeldía loca. Hay tantas maneras como niños. Pero eso no significa que no pueda sostenérseles y abrirse el lugar que ellos tendrán que tomarse aun con todos los fallos y fracasos que implique su crecimiento.

Este libro, pues, quiere hacer "un corte" que luego señale e ilumine un poco lo que puede estar sintiendo un niño cercano en el mundo que le toca. Los autores convocados tienen una orientación definida. Son psicoanalistas lacanianos y, como tales, toman como prioridad dar la palabra a los que consultan, abrir una escucha. Tanto al niño o al adolescente como a los padres. Lo que caracteriza a la posición del psicoanalista es escuchar lo que cada uno dice, facilitar que lo haga lo mejor posible, antes de clasificar un malestar o los padecimientos y ofrecer un tratamiento *prêt-à-porter*.

Lo que a los padres les angustia no siempre es lo mismo que lo que dicen los médicos. Lo importante es que el niño pueda descubrir qué es lo que verdaderamente le preocupa o le hace mal, más allá de lo que se dice en la familia. Es decir, una etiqueta o diagnóstico nunca reemplazará ni se superpondrá a la escucha del discurso del otro, del sentido que le da a su dolor.

Ésta es una invitación a aguzar el oído a las voces de niños y jóvenes desde el tiempo y fenómenos que les toca vivir.

Miriam Martínez
Editora

Prólogo

La infancia ya no es lo que era

Este libro quiere ser un mensaje y la posibilidad de instalar en cada uno —padre, madre o cualquier interesado en el tema— la pregunta: ¿qué es un niño hoy?, y más particularmente: ¿quién es el niño que vive conmigo? ¿Qué tanto lo conozco? ¿Qué lugar tengo en todo esto?

¿Qué ha pasado que actualmente hace falta un cortejo de profesionales, consultas, controles, estadísticas y tratamientos para atravesar la infancia y la adolescencia? Cuando se presenta un problema con nuestros hijos, ¿cuál es la mejor forma de abordarlo?, ¿qué opciones existen para llevar o acompañar un padecimiento? ¿Cómo acercarme a él como padre desde lo que le toca vivir?

**La familia, como la conocemos,
¿ha cambiado?**

Se dice que una sociedad muestra sus características más profundas en el modo en que responde a los llamados y trata los problemas y síntomas de sus niños y jóvenes. Esto da la pauta de cómo se piensa el lugar que los niños y púberes ocupan en ella y qué se espera de ellos, tanto en el ámbito familiar como en lo social.

Una característica de nuestras sociedades —sobre todo en Occidente— es que, silenciosa e imperceptiblemente, ha cambiado profundamente la concepción de los niños y jóvenes y lo que les ocurre. El fenómeno es comparable a lo que nos pasa a los adultos frente al espejo.[1] Todo va bien hasta que de pronto, un día en un instante determinado, aparece esa arruguita en el rostro, esa piel colgada en el brazo que antes no estaba. (Disculpen por recordárselos.) ¡¿Cuándo ocurrió eso?! ¡Pero si antes no estaba! ¿Cómo apareció, así, de la nada?

Ésa es justamente la cuestión. No apareció de la nada. Se vino gestando desde que nacimos, imperceptible pero sin pausa, hasta que un buen día, en un instante, se mostró. De golpe se manifestó.

La idea sobre la infancia y las expectativas sobre los niños también han ido cambiando ante nuestras narices y sólo algunos pocos se fueron dando cuenta de ello.

Desde que existe la familia —ya que hubo otros tipos de organizaciones sociales antes de ella— es el lugar que recibe al recién nacido, el que le transmite un nombre y todos los cuidados necesarios, incluida la transmisión del lenguaje y una manera de hablar. También es la familia la que transmite los límites: lo que está permitido y lo que no.

En una configuración familiar clásica (madre, padre, hijos), un niño llega a un mundo que ya es un enjambre de relaciones, malentendidos, amores, desamores, etcétera.

---

[1] Tomo esta idea de una conferencia del profesor Francois Julien en Buenos Aires. "La transformación silenciosa" (2006).

Lo que interesa es, precisamente, a qué lugar de ese enjambre y con qué función ha ido a parar el pequeño: ¿es hijo de un deseo firme? ¿De un suceso feliz o trágico? ¿Ha venido como efecto de un deseo amoroso o para esconder lo que no anda bien en la pareja de los padres? Y si es así, ¿de qué manera?

Hoy tenemos variaciones respecto a la familia tradicional. Hay familias en las que los padres son del mismo sexo, llamadas *homoparentales*; hay otras que están formadas sólo por uno de los padres y el hijo, las llamadas *monoparentales*. ¿Es esto mejor o peor que las familias tradicionales? Quizá no todo sea tan distinto a lo que conocemos, ya que es un hecho que hay mucha gente hija de familias tradicionales que no lo pasa bien o presenta problemas de salud mental. Es evidente que algo en las conformaciones y en funciones familiares está cambiando y que aún no sabemos bien a bien cuáles serán las consecuencias.

Uno de los efectos de esa transformación silenciosa que podemos ver ahora es que se han trastocado los lugares familiares. Para decirlo brevemente: las relaciones entre los lugares y las funciones del padre, la madre y el niño o los niños, han cambiado. En las familias tradicionales que aún existen todo se organiza en torno a la autoridad que, por lo general, recae sobre el padre, aunque en muchos casos lo hace sobre la madre u otro adulto. En cambio, una característica de las nuevas formas de la familia es que —incluso donde los lugares siguen siendo padre-madre-niño— la autoridad ha cambiado de sitio.

Y en la sociedad, ¿qué lugar tienen los niños?

La ciencia, la técnica y el mercado tienen mucho que ver con los cambios mencionados. Un ejemplo del mercado: la mayoría de los programas de televisión para niños pequeños son animaciones. En cambio, las publicidades que se dirigen a ellos, no. Las investigaciones mercadológicas señalan que el segmento de 8 a 13 años es muy importante en la agenda de consumo en una familia. Entonces, el cuerpo, la imagen del niño, no aparece tanto en la programación, pero sí en la propaganda. Es decir, está claro que el niño es considerado como alguien a quién venderle, un consumidor, más que como parte de la sociedad.

Las presiones del mercado y el acceso a las nuevas tecnologías han producido una desviación que resumiré así: los signos y las pruebas de amor que un niño espera de sus padres se suelen reducir a si éstos responden o no a sus demandas, a sus pedidos de satisfacer sus apetitos de consumo. De esta manera, ¿dónde recae la autoridad? ¡En el niño! Sí, en él que con sus pedidos pone a los padres en aprietos porque ellos mismos están sometidos por las presiones del mercado y las exigencias de la vida contemporánea. Es decir, ya no son más los ideales de la tradición los que comandan las relaciones de autoridad, sino los objetos que se demandan cada vez más porque, a la vez, ninguno de ellos colma lo que promete. Esto es tan así —aunque no sea muy evidente— que la legislación en algunos países se ha modificado para establecer que donde hay niño, hay familia. Es decir que ésta no se conforma más en torno al padre u otro adulto que detenta la autoridad, sino que se constituye en torno al niño.

El hecho de que una mujer o un hombre sin pareja puedan tener hijos gracias a las ofertas de la ciencia moderna, y del derecho que va detrás de las novedades que aquélla introduce en el mundo para regularlas, también cambia el paisaje familiar. Los lugares y sus consecuencias no son los mismos en una familia de este tipo.

Como dijimos antes, una pareja de padres no garantiza la salud mental del niño, pero sí que éste contará con dos formas de ver el mundo más o menos cercanas, que se podrá servir de dos estilos, que convivirá con más rasgos a los que identificarse, más variedad de respuestas ante la vida, pero también deberá arreglárselas ante los conflictos de la pareja de los padres. Esto último a veces es enriquecedor; escuchamos en el consultorio historias en las que alguien demuestra, sabiéndolo o no, que salió airoso de esa situación y que del conflicto obtuvo un aprendizaje. Pero también escuchamos a aquellos que fueron arrasados por la violencia y el desamor entre los padres.

Lo que podemos adelantar, porque ya lo vemos en las familias de composición tradicional en el que uno de los padres tiene un gran deseo por tener un hijo independientemente de lo que quiera el otro, es que en dichas condiciones el niño viene a llenar un vacío, una angustia. Se trata de una constelación familiar de a dos, en la que uno —el niño— viene a calmar la angustia en el otro —la madre o el padre. El tercero puede estar presente o ausente, pero no cuenta. El problema aquí es que el niño corre el riesgo de quedar borrado como sujeto para responder a la angustia del adulto.

¿Cómo poner límites a quien tapa cualquier vacío de la existencia y calma la angustia? Las nuevas conformaciones familiares nos plantean una serie de preguntas sobre cómo mantener cierto orden familiar conocido y nos enfrentan a nuevos síntomas en los niños. Son los síntomas que se relacionan con la falta de límites, con las nuevas funciones del niño dentro de la familia y con la manera en que los padres tratan su propia angustia.

Los tratamientos y los terapeutas tenemos que seguir de cerca estos cambios para estar a la altura de los enigmas y el desafío de la época. El tiempo y la clínica con niños y adolescentes nos irán respondiendo.

Cuando existe un malestar: ¿y ahora qué significa ser "un chico normal"?

Paralelamente a los cambios que venimos refiriendo, se han ido produciendo otros en el campo de lo que se concibe normal para un niño. Lo principal, lo que es radicalmente distinto porque marca grandes diferencias y determina conductas a seguir, es que lo que tradicionalmente se pensaba como dificultad en términos sociales, de comportamiento en los grupos, para distinguir lo que está bien o mal, lo que es correcto o incorrecto, hoy es considerado patológico. Es decir, el obstáculo ha pasado a ser enfermedad y a ser tratado como tal. Todo aquel que salga de la norma esperable (¡¿y quién define esto?!) será tratado como enfermo. Un comportamiento no es necesariamente una enfermedad. Hay infinitas causas para que una persona de la edad que sea responda con un comportamiento y no con otro.

Cada vez son más las dificultades de la vida cotidiana de niños y jóvenes que son absorbidas por las clasificaciones de salud mental como si fueran una enfermedad. Y cada vez son más los medicamentos que aparecen en el mercado con indicaciones específicas para tratarlas. Por lo tanto, esto indica que la asociación entre las clasificaciones y la industria farmacéutica constituye un poderoso tándem del que la medicina se sirve a la hora de responder con rapidez —una exigencia muy de actualidad— a la angustia de los padres frente a lo que no anda bien en los hijos.

Opciones: ¿medicamentos o tratamientos psicológicos?

No somos ni los psicoanalistas ni otros profesionales de los tratamientos por la palabra los que planteamos esta oposición. Todos sabemos que en algunos casos, en algún momento, es necesario indicar un medicamento para frenar un malestar progresivo que puede ser insoportable y poner en riesgo al niño o a sus allegados.

No es ése el debate que nos interesa. El debate que queremos abrir con este libro es en torno a la pregunta: ¿qué es un niño en nuestra época? Y esa pregunta de la que partimos lleva directamente a considerar qué es un niño en una sociedad en la que los dictados de la ciencia y del mercado han tomado el mando. Los sufrimientos de los niños de hoy están en relación con las exigencias que esos dictados han introducido en sus vidas y en las de sus padres. Hasta hace no mucho, un niño era alguien que debía formarse, aprender primero de sus padres y luego en la escuela, madurar, atravesar una serie de etapas. Hacía falta tiempo para que pudiera transformarse en joven y en adulto que decide sobre su propio destino.

Hoy hay un nuevo protagonista de la época en la vida del niño y sus padres que ha subvertido ese orden: el objeto tecnológico (teléfonos inteligentes, computadoras, tabletas, videojuegos…). Sin afán de demonizar estos objetos de los que nos servimos —ahora mismo estoy escribiendo estas líneas que gracias al correo electrónico llegarán a la editora, a quien además he conocido vía internet—, sepamos que su presencia en el mundo ha subvertido nuestras vidas como nunca lo habían hecho. Esos objetos pueblan la vida de nuestros niños de imágenes y ficciones en las que reina la inmediatez. Se gana o se pierde, se vive o se muere y se vuelve a vivir, todo al instante en una aceleración constante. Y, sobre todo, se puede encontrar una satisfacción en soledad, sin necesitar de la presencia del cuerpo o la presencia física de otro. Aceleración y aislamiento que se trasladan a la vida cotidiana por el solo hecho de que gracias a estos productos de la tecnología, el espacio se comprime y el tiempo se acelera. Eso se traduce en que no se puede esperar y es difícil soportar aquello que no sale bien desde el principio. El famoso: "¡No sé lo que quiero pero lo quiero ya!"

La premura que gobierna nuestras vidas y la inmensa oferta de objetos que crean la ilusión de una satisfacción plena y duradera posible son los promotores de las llamadas "patologías de la demanda". Los medicamentos —como todos los objetos que la ciencia introduce en el mundo, y que se comercializan generando importantes sumas de dinero— se ubican en un borde muy delgado entre el objeto útil, beneficioso, y aquellos que entran en la serie de los que prometen ese tipo de engaño. Y como tales son tratados por la publicidad médica.

Un ejemplo. Un letrero en las rutas de Estados Unidos rezaba: "Para que ser padres sea más fácil... Ritalina". La medicación desresponsabiliza[2] si no se está atento. Los fármacos pueden ser muy útiles en un momento dado, pero sus servicios son limitados. Mucho más de lo que creemos. Algunos medicamentos entran en los planes de cobertura médica y otros no. Por lo tanto, la oferta de tratamiento farmacológico siempre genera mucho dinero, ya sea aportado por el Estado en las coberturas a los trabajadores, ya sea aportado por el ámbito privado cuando son coberturas privadas, o directamente por los pacientes.

Bienvenida sea la ampliación de las coberturas médicas y los progresos de la ciencia que mejoran la calidad de vida a través de algunos medicamentos, pero en esto hay un exceso: reducir todo malestar humano a la biología. Más aún, a la química del cerebro. Si tenemos en cuenta cuándo se introdujo el medicamento moderno entre los recursos de la medicina, pasaron apenas 60 años.

Las clasificaciones

Las actuales clasificaciones de enfermedades mentales son doblemente engañosas. Por un lado, como dijimos, in-

---

[2] Doctor Jaime Tallis, entrevista publicada en DDA, ADD, ADHD, como ustedes quieran. *El mal real y la construcción social*, Gustavo Stiglitz (comp.), Grama, Buenos Aires, 2006.

cluyen todo lo que antes se consideraba problemático y no necesariamente una patología. Por otro, con el exitoso término "trastorno", da la impresión de que nada es enfermedad sino sólo desviaciones de la normalidad. El resultado es que se tratan como enfermedades médicas cosas que no lo son y además se diluye el límite entre lo normal y lo patológico por el solo hecho de palabra de nombrarlos "trastornos". Es decir, la enfermedad mental existe pero no se puede meter en su cuenta todo lo que no funciona como exige la época y, además, considerarlo una mera desviación de la norma. Se viola así la singularidad de cada niño, lo más propio de sí que es su estilo, borrándolo bajo la idea de trastorno como apartamiento de lo esperable. Además, si hay realmente una enfermedad no lo podemos saber si sólo se contemplan niveles de desviación. Ceguera doble.

Los padres frente al sufrimiento de los hijos: ¿qué posición tomar?

Cada vez que hay un niño que sufre, los padres estamos involucrados, lo que NO quiere decir que seamos los culpables —salvo que el niño haya sido maltratado con intención— sino que sufrimos con ellos. Sin embargo, sí estamos involucrados en la elección del modo de tratar su malestar y el nuestro. Tenemos el derecho a elegir el tratamiento para nuestro hijo más allá de lo que los medios de comunicación venden como único, eficaz y último, en el sentido de moderno. No se trata de decir sistemáticamente que *no* a que nuestros hijos reciban medicación si ésta es necesaria. Tampoco se trata de decir sistemáticamente que *sí* porque la información básica y general lo afirma. También podemos —y tenemos que— hablar con los profesionales. Podemos consultar a distintos especialistas con distintas orientaciones y elegir en función de nuestra confianza. Tenemos que hablar con ellos y con nuestros hijos para saber sobre el malestar que los habita. Hay que saber qué es lo que ellos dicen y no sólo lo que se dice sobre ellos.

Ése es el principio del gran respeto que se merecen, ser escuchados. Si no se escucha ese reclamo, esa pregunta por el lugar que tienen como personas para sus padres, no podremos decir que gozan del respeto al que todo ser humano tiene derecho. Tenemos que hablar.

Por eso este libro no pretende cerrar los temas que trata con respuestas definitivas, incuestionables y para todo uso. Por el contrario, aspiramos a colaborar en un debate ya abierto y muy necesario entre padres y profesionales que brinde elementos para escuchar y entender mejor a nuestros hijos, con herramientas para elegir el tratamiento óptimo para cada uno. Un debate donde los padres tendrán la palabra.

Hemos convocado así a profesionales médicos, psicoanalistas y psicólogos de distintas nacionalidades a que con su aporte propongan elementos para acompañar a los padres a construir sus respuestas en torno de lo que hace único a su hijo, a mirar un poco sus circunstancias y el contexto que le toca vivir —que no es el mismo de nuestra infancia—, a conocerlo mejor y encontrar asimismo cómo acompañarlo sin hacer el camino por él.

Cada niño es irrepetible, y si algo tiene valor en todo esto, es respetar esa originalidad de cada uno, ya que es de lo que se va a servir para responder los desafíos que la vida le planteará.

Buena lectura. Respetuosamente,
Gustavo Stiglitz

Trastornos de alimentación: un problema común en nuestra época

GRACIELA SOBRAL

Muchos padres consultan al psicoanalista preocupados porque su hijo o, con mucha más frecuencia, su hija adolescente, padece un problema de este tipo. Normalmente se trata de jovencitas entre 11 y 16 años.

Puede ser una advertencia que provenga del colegio o que los propios padres hayan visto en casa algunas conductas nuevas que les han preocupado. La adolescencia es una época de cambios, a los jóvenes les pasan muchas cosas en ese tránsito de la infancia a la vida adulta; surgen comportamientos extraños o síntomas que implican el cuerpo. Éstos no tienen por qué ser malos en sí mismos pero es importante preguntarnos qué significan, qué nos dicen, si es que nos quieren decir algo.

Por otro lado, vivimos en una época donde la anorexia y la bulimia han tomado un lugar preponderante dentro de la sintomatología, especialmente en la adolescencia. ¿Por qué la cuestión oral? ¿Qué son la anorexia y la bulimia?

La aceptación

El desorden alimentario surge muchas veces de una forma inesperada, sobre todo para el entorno de la joven. Sin embargo, suele haber una base infantil, alguna época donde la niña tuvo problemas vinculados con lo que comía o se llevaba a la boca.

Para el niño, tomar el alimento es aceptar, significa decir sí a algo que viene de fuera de sí mismo, viene del Otro (la madre o quien cumpla esa función); es una aceptación. Es decir, que la aceptación de la vida pasa por la relación con ese Otro del que recibe la satisfacción de sus necesidades (de alimento, de abrigo…), pero también recibe amor, una voz que lo nombra y le habla. Cuando el bebé pone obstáculos al sí, cuando rechaza el alimento, ¿qué es lo que está rechazando?

Es importante señalar el lugar central del rechazo. El paciente, la joven o el joven, dice no a la madre, a la familia, a la feminidad o a su masculinidad, a la sociedad, al lenguaje, al amor. Siempre hay una dimensión de rechazo que hay que tener en cuenta para explicar la existencia de la anorexia, aunque ésta tome una forma del tipo "me lo como todo". Porque ésta también es una forma de rechazar, de decir que no a la dimensión del deseo y el amor, donde un límite es necesario. "Me lo como todo" no hace ninguna diferencia, da todo igual. No distingue entre todos a un objeto como deseado o a una persona como amada. "Comerse todo" es el anverso del "como nada".

Susana

Susana, de 14 años, está pasando un mal momento en el colegio por la relación con sus amigas y con los chicos. Con su amiga más íntima ha surgido una rivalidad que ella no entiende pero que no le permite sentirse segura, y esa inseguridad se extiende a las otras amistades; ya no va a clase con la alegría con que lo hacía antes.

Por otro lado, le gusta un chico, pero no se atreve a planteárselo ni a sí misma porque siente mucha vergüenza y timidez. A la vez, en casa, sus padres están muy agobiados por sus cuestiones laborales y están poco disponibles.

Susana se siente sola y desorientada. No comer siempre estuvo ligado a la relación con su madre, ha sido una situación con la que ha logrado concentrar su preocupación e interés en ella. Ahora que no controla nada de lo que le pasa ha encontrado cierto refugio disminuyendo lo que come y pensando que si estuviera más delgada se sentiría más segura.

Éste es un ejemplo bastante representativo. Muchos trastornos de la alimentación, que pueden dar lugar a anorexias y bulimias, se desencadenan en un contexto similar. Lo que hemos descrito en la problemática de Susana no tiene nada especial, son cosas que le pasan habitualmente a los adolescentes: dificultades con las amistades, tan cargadas de afectos; inhibiciones a la hora de situarse frente a los chicos o chicas, en el difícil recorrido que va de la infancia a la adultez; momentos de más o menos encuentros en la vida familiar. Frente a estos problemas, hoy en día, la "solución" por medio del alimento está al alcance de la mano y se sostiene, en parte, en la importancia que ha adquirido la imagen, como si un cuerpo más delgado pudiera modificar un drama personal. Desde otro punto de vista, se pone en juego un ideal de control, que también es propio de la época: la angustia o el desasosiego que producen las emociones se intenta solucionar con algún tipo de control. Es como si los sentimientos no debieran producir cuestionamientos y paradojas y todo pudiera ser controlable.

¿Por qué hay malestar en los adolescentes?

Los síntomas son normales, no conocemos personas que no los tengan. No obstante, en determinados momentos, el síntoma puede ser algo que perturbe mucho la vida del que lo padece. En cualquier caso, el síntoma habla de un malestar y es necesario darle su importancia y su lugar.

En el ejemplo que comentábamos, si consideramos que el síntoma es la restricción alimentaria, vemos que es una consecuencia o una respuesta a una serie de situaciones que está viviendo la joven: la relación con su amiga ya no la sostiene, no sabe qué hacer con la emergencia de la sexualidad, no encuentra la manera de hablar con su padres…

Es decir que, en muchas ocasiones, el problema alimentario no va a ser lo más importante sino, más bien, aquello que encubre o que señala los otros problemas, la cabeza del iceberg.

Tanto la anorexia como la bulimia nos indican un malestar de otro orden, un malestar emocional que tiene que ver con la relación con los otros (familia, amigos), con el amor y la sexualidad, con el propio cuerpo.

El control del alimento, transformado de esta forma en una especie de "instrumento para todo uso", atenúa el descontrol emocional. En estos casos decimos que el alimento deviene *gadget,* una suerte de dispositivo, porque pierde su naturalidad como alimento. Ya no se trata ni de su función alimenticia ni de su función como intermediario en la relación placentera con los otros. Antes las comidas eran los tiempos de encuentro y conversación, pero eso cada vez ocurre menos. Ahora vemos con frecuencia al joven solo con el alimento, que es usado en muchos casos como un instrumento para una satisfacción más bien aberrante: "Como, como, como" o "No como, no como, no como". No nos referimos al placer de comer, evidentemente, sino a otra cosa que iremos describiendo y situando.

Desórdenes alimentarios, anorexia, bulimia

El trastorno surge en una determinada coyuntura que, como hemos comentado, está relacionada con el difícil momento del paso de infante a adulto y las cuestiones que éste pone en juego. De entrada, es importante señalar que *no toda restricción alimentaria es una anorexia* y que dentro de las anorexias las hay graves (no es lo más frecuente) y menos graves.

En primer lugar debemos tener en cuenta que no es lo mismo hacer dieta que padecer anorexia. Hay personas que hacen dieta toda su vida pero no son anoréxicas. Hoy en día estar delgado, especialmente para una mujer, es casi un imperativo y hay personas que no quieren comer una caloría de más para conseguirlo, pero eso no es ser anoréxica. La anoréxica tiene un disfrute especial, que llamamos *satisfacción inconsciente*. Es una satisfacción paradójica porque la persona padece, pero no puede detener esta conducta contradictoria que va más allá de los límites de la dieta. Quien hace dieta la disfruta o la padece (esto último la mayoría de las veces) pero sin sobrepasar ciertos límites. Una dieta cuesta comenzarla ("El lunes empiezo…"); en cambio la restricción alimentaria cuesta detenerla.

También debemos considerar que hay restricciones alimentarias por distintos motivos: angustia, duelo, enamoramiento, etcétera. La anorexia consiste en la restricción del alimento, que suele comenzar de a poco y va a más. Ha existido en distintas épocas de la historia, y en cada época se inscribe en la cultura de una determinada manera. Hay relatos desde la Edad Media, donde no comer presentaba un carácter sacrificial o de purificación vinculado a lo religioso. Actualmente hay que pensar la anorexia en el contexto del desarrollo del capitalismo, de la globalización y de la proliferación de los objetos de consumo. La aparición y presencia de la anorexia se corresponde con el nivel de desarrollo de las sociedades donde el alimento se va comportando como un objeto más de la sociedad de mercado. Esto es algo que se comprueba a medida que las sociedades "avanzan". Hemos visto sociedades europeas con una historia muy rural en las que el problema con la alimentación no existía; a medida que estas sociedades se hicieron más modernas, aparecieron estos problemas junto con los propios del progreso.

Por otro lado, como decíamos, en la anorexia se pone en juego una satisfacción muy paradójica vinculada al no comer. Realmente se trata de comer "nada", porque los anoréxicos no son pasivos, no dejan de comer pasivamente; hay una actividad en juego en la restricción, no comer es también una actividad que llevada a un extremo puede resultar mortífera.

La anorexia puede presentarse como el sacrificio a un ideal o a objetivos de lo más variados: "No como para fastidiar a mis padres o "Me sacrifico por la belleza, por ser la mejor", por ejemplo.

Bulimia, amiga de la anorexia

La bulimia, la ingesta ansiosa y compulsiva, surge a mediados del siglo xx, como nueva "pareja" de la anorexia. La época privilegia el trastorno de alimentación por el exceso en que se vive en el mundo actual; la exaltación de la imagen y dentro de ésta la imagen del cuerpo delgado como un gran valor. Además, cierto alejamiento de la palabra en relación con las emociones; la idea de que en la vida se trata de ponerse objetivos que hay que conseguir y que no siempre son lo que verdaderamente se quiere sino imposiciones (familiares, del grupo al que se pertenece, de la moda, del discurso de hoy, etcétera) que hacen de la persona alguien con poco margen de maniobra para encontrar una solución mejor orientada.

Juana

Juana tenía problemas con la comida desde hacía tiempo, pero no había consultado por ello porque "lo tenía controlado". Cuando le tocó entrar a la universidad sus síntomas alimentarios se agudizaron. Se sentía en inferioridad de condiciones frente a sus compañeras, si bien había sido siempre muy buena alumna. Quiso hablar de lo que le estaba pasando y consultó a un psicoanalista. Con el tiempo descubrió que estaba haciendo una serie de elecciones que no eran verdaderas. Ser médico le parecía más glamoroso que ser enfermera. Ambas carreras estaban ligadas a personajes importantes de su vida. Finalmente, después de un año de dudas, pudo preguntarse por su elección, cambió de carrera y, a la vez, sus síntomas se atenuaron radicalmente.

Como en este caso, en el transcurso de un psicoanálisis muchas veces las jóvenes descubren que algo no les gustaba como ellas creían, pero han necesitado un tiempo para darse cuenta y poder preguntarse. En este sentido, me parece importante señalar que esa interrogación personal no se puede forzar, pues frente al forzamiento muchas veces la respuesta es sostener como afirmativo algo que tal vez no lo sea tanto.

Sonia

Sonia lleva más de un año con anorexia; sosteniéndola como un rasgo distintivo de su carácter, comienza a cuestionarse qué es lo que le atrae tanto del chico que le gusta y la hace sufrir con sus desplantes. Hasta ahora, reconocer que Pablo la hace padecer es como dar su brazo a torcer. Pablo es un chico "malo" que ella tiene que seducir para tener un lugar importante dentro de su grupo social. Por otro lado, Pablo tiene una "admiradora" a la que ella le tiene que ganar. Poder relacionar esta rivalidad entre ella y la admiradora con ciertas cuestiones de su vida familiar le está permitiendo valorar las cosas de otra manera. Por ejemplo, ganarle a la admiradora en cierto sentido es como ganarle a su madre en la relación con su padre. Éste es el tipo de cuestiones que van surgiendo, que no se pueden forzar a resolver de cierta manera y que van "abriendo puertas".

En ambas se trata fundamentalmente de un problema que concierne a los cambios físicos y emocionales que se producen en una joven en ese momento de la vida. Su cuerpo va adquiriendo otra forma, redondeces que pueden gustarle a ella o no y que pueden ser comentadas por otros; le gusta algún chico y eso la perturba; los chicos se fijan en ella y no sabe cómo tramitar esa situación; debe poner su cuerpo en juego en ciertos encuentros. Por otro lado, debe dejar de ser una niña y eso está lleno de ambigüedades y contradicciones porque dejar de serlo supone un cambio en la relación con los padres, que la familia en su conjunto no siempre sabe cómo llevar.

Evidentemente ésta es una situación por la que han pasado todas las mujeres. Cada época tiene sus formas sintomáticas de atravesar los conflictos. Hoy en día, toman con mucha frecuencia esta forma oral: lo que tiene que ver con la boca, que es una parte del cuerpo que interviene en la alimentación, el habla, las relaciones sexuales, la ingesta de tóxicos… Como se ve, está ligada a la vida, la comunicación, el amor, el sexo y la reproducción, pero también puede estar ligada al rechazo, el silencio, la soledad, los tóxicos y la muerte. Se trata del consumo y de todas sus paradojas, difíciles de pensar hace 50 años. Si entonces la ley moral regulaba más integralmente la vida, ésta ha cambiado por una ley del consumo y el enriquecimiento. El valor de las personas y las relaciones se confunde con el valor de las cosas. Hay una falta a nivel de la ley moral y un exceso a nivel del consumo.

Esto no agota lo que determina los trastornos de la alimentación, porque, en última instancia, se trata de un conjunto de situaciones y emociones que cuestionan o desestabilizan el suelo en que se mueve la joven. Frente a la dificultad para encontrar otra salida surge la anorexia o la bulimia como una solución. Como hemos dicho, en algunos casos, en la restricción no está presente el deseo de delgadez.

Cristina

Cristina es una joven que cada vez come menos. Ella no quiere que sea así pero la idea de comer la angustia mucho. Sus padres están separados hace muchos años y ella pasó mucho tiempo con sus abuelos maternos, que prácticamente la criaron. Su abuela enfermó y, para que no sufriera, a ella, que estaba viviendo en otra provincia, no le dijeron nada. Cuando se enteró de la enfermedad de su abuela ya era bastante grave y para Cristina fue muy difícil aceptar esa situación, que no pudo ir elaborando más lentamente. Dejó sus estudios para ir a cuidarla y fue dejando de comer a la par que su abuela. Su abuela ya ha muerto y no comer la vincula, inconscientemente, a la abuela viva. Ella dice que comer sería "traicionar algo". En este caso, el síntoma está vinculado a un duelo, a la dificultad para hacer un duelo. La joven, identificada con la abuela, se sostiene en la restricción alimenticia. Esto es algo que ella deberá poder pensar en su tratamiento: ¿qué era la abuela para ella? ¿Qué pierde ella, inclusive de ella misma, con la pérdida de la abuela?

¿El desorden alimenticio es una solución?

Ésta es una pregunta complicada porque la respuesta, en primer lugar y por contradictoria que parezca, es sí.

La joven "soluciona" su problema con la anorexia o con la bulimia. Ahora bien, ¿qué queremos decir con "solución"? En el campo del psicoanálisis, una solución es una invención que le permite a la persona soportar lo que de otra forma sería insoportable. Por ejemplo, este último caso muestra que se puede convivir mejor con el síntoma alimentario que con la pérdida del ser querido.

En los casos que tienden a la restricción alimentaria, pareciera que la joven disfruta tanto de la delgadez que va consiguiendo como del control mismo, y que eso constituye una solución. En los que tienden a la bulimia, los jóvenes se dan atracones y luego vomitan o se someten a rigurosas disciplinas físicas para compensar. Esto puede suponer una satisfacción directa, un triunfo, o puede ser vivido con mucho dolor, pero continúa siendo una solución.

En la mayoría de los casos los jóvenes podrían encontrar mejores soluciones, que no sean tan dañinas ni para su cuerpo ni para su relación con el mundo.

Esta cuestión nos lleva a otra, espinosa: ¿se cura la anorexia? Es una pregunta que vale para todas las aflicciones mentales porque si se trata de soluciones, en efecto, muy tempranamente las personas encuentran una solución ante los avatares de la vida y algunos deben, más tarde, curarse de su propia solución.

Hablamos de la anorexia como una solución para el joven sobre un fondo de problemas afectivos. En muchos casos, a medida que el joven puede ir desentrañando sus enredos emocionales el trastorno alimenticio tiende a disminuir y, muchas veces, a desaparecer. A veces no desaparece del todo, queda una marca, pero seguramente esa marca estaba desde antes.

Gloria

Gloria ha estado ingresada seis meses en una clínica de orientación conductista que se ocupa de la anorexia y la bulimia. Gloria no era una chica líder y —más bien— sentía que no era muy querida. Durante el ingreso recibió muchas visitas que la sorprendieron. Estas visitas fueron lo que más le ayudaron a salir del centro. Una vez afuera comenzó a preguntarse por la relación con sus amigas y fue haciendo un recorrido desde la infancia. Desde pequeña no se sentía querida, sus hermanas eran mejores en todo, ella "tonteaba" con la comida sin que eso llegara a ser un problema para sus padres. A ella la consolaba. Ahora se reencuentra con este viejo problema:

¿es querida por los otros? ¿Más o menos que sus hermanas? Lo que hasta ahora ella había "autotratado" a través del trastorno de la alimentación se está transformando en una pregunta.

Hay otros casos, más graves, donde el trastorno no desaparece porque la joven lo necesita para seguir sosteniéndose en su mundo. Se puede mitigar pero tal vez no desaparezca.

María

María fue una niña muy problemática desde pequeña: insomnio, anorexia, comportamientos autodestructivos... Estos síntomas se han agravado con los años. En la adolescencia tuvo algunos ingresos por cortes y accidentes provocados. Hoy en día su tratamiento psicoanalítico ha dado lugar a que la cuestión oral tome un lugar más destacado y pueda plantearse sus problemas en estos términos, sin la necesidad de producirse cortes que la arranquen de la angustia. Mientras tanto los comportamientos suicidas han ido desapareciendo. En este caso se puede ver bien que el síntoma anoréxico es una forma de tratar de ordenar su drama personal, de forma menos peligrosa que los intentos de poner en juego su vida.

Los síntomas

En primer lugar hay que señalar que si bien hablamos de trastornos de la alimentación, en rigor no podemos hacer una generalización dado que no todos los síntomas de anorexia y bulimia son iguales. En principio, cada persona es distinta de otra, cada persona es única.

No obstante, podemos hablar de dos tipos de síntomas, el clásico y el contemporáneo. O un síntoma que habla y otro más mudo.

Según lo que venimos diciendo, el síntoma clásico es expresión de un conflicto psíquico y nos habla de dicho conflicto si estamos en condiciones de escucharlo. En el ejemplo de Susana —expuesto al comienzo—, en la medida en que ella pudo darse cuenta de que la rivalidad que entablaba con su amiga en parte estaba sostenida en el hecho de que la amiga podía tener relación con un chico y ella no; y a la vez, a medida que descubrió que le gustaba un chico y pudo pensar sus dificultades en ese sentido y sintió que sus padres se interesaban más por sus cosas, dejó de hablar de la comida. Esta cuestión fue desapareciendo de su vida, ya no tiene tanta importancia.

Celia

Celia es una jovencita con una restricción alimentaria que va en aumento. Sus padres están separados desde hace algunos años y a su madre, una mujer bella y joven, le gusta destacarse en todo lo que emprende. Al cabo de un tiempo de tratamiento Celia dice, hablando del problema con su madre: "En lo que no me va a ganar es en comer menos", y se queda muy sorprendida con este pensamiento: ¡todo reducido a eso, a una competencia con la madre y al deseo de diferenciarse! Esto hizo ceder la restricción alimentaria y abrió las puertas a una serie de preguntas sobre ser hija, ser joven y ser mujer.

Este tipo de síntoma constituye la expresión de una verdad personal, habla, quiere decir algo que no se puede expresar por otros medios. El síntoma es un mensaje cifrado que puede ser descifrado hablando con el psicoanalista. Como decíamos, el síntoma en sí mismo constituye una solución y eso comporta una satisfacción desconocida para el que la experimenta. Cuando hablamos de satisfacción inconsciente nos estamos refiriendo a algo diferente del concepto habitual de satisfacción. Se trata de una satisfacción que atraviesa la barrera del placer, que, por lo tanto, puede llegar a ser dolorosa. Se pone de manifiesto en la repetición de las conductas, se trata de lo que se repite en el síntoma. Es lo que la sabiduría popular dice en términos de que "el hombre es el único animal que tropieza dos veces con la misma piedra". El síntoma comporta una satisfacción paradójica, que es lo que le confiere su fuerza y su durabilidad.

Tomemos un ejemplo típico de los problemas alimentarios: el joven vomita y no puede dejar de hacerlo. No le da placer, sino más bien, displacer, pero hay algo que lo vincula estrechamente con el vómito, por ejemplo, porque con él se vacía y esto lo alivia. Encuentra una satisfacción en la relación con ese "nuevo" objeto del cual no se puede desprender.

Aquí podemos hacer una distinción, hay casos de síntomas clásicos, como el de Susana, en el que prevalece un conflicto manifiesto, pero hay otros casos donde la joven, o el que padece el síntoma, no tiene nada que decir.

La anorexia es una enfermedad sin demanda, aparentemente. La joven no pide, más bien quiere que no la molesten, que la dejen sola con sus cosas. Aunque en el fondo se agite para ella la más concentrada y desesperada de las demandas: la demanda de amor. Aun partiendo de esa base, hay una mayoría de casos donde es posible producir ciertos interrogantes. ¿Qué le pasa en otros ámbitos de su vida? ¿Desde cuándo? ¿Qué cosas le preocupan?

Existen otros casos, más difíciles de tratar, donde la joven ni se pregunta ni puede hablar de nada. Le ha ocurrido algo y ha encontrado la anorexia o la bulimia como una especie de tabla de salvación, aunque visto desde fuera no lo parezca. Éstos serían los casos en los que hablamos de otro tipo de síntoma, decimos de nuestro tiempo, donde la joven se va a sostener más en su nueva forma de relacionarse con el alimento que en los pensamientos y el relato sobre su drama.

La historia de la vida de una persona puede estar marcada por la relación con ese síntoma y ser impensable fuera de él. Otra persona puede haberlo padecido sin que realmente tome el color de su existencia. Entre los extremos que estamos señalando se ubican todos los casos, la cuestión importante es el lugar que se le da a cada uno en la clínica.

Así, en el segundo tipo de síntoma que venimos comentando, éste se confunde con el individuo o le da nombre y posición: "Soy anoréxica", "Soy toxicómano". Pero no le suscita ningún malestar, al contrario. Cuando el síntoma funciona de esta manera el paciente no lo pone en juego en la experiencia de la cura, o no inmediatamente.

¿Qué pueden hacer los padres?

Cuando los padres advierten algo que les preocupa o son informados de algún problema alimentario de su hija o hijo, ¿cómo situar el problema entre el joven y la familia?

En primer lugar, no deben alarmarse, hay que entender qué es lo que está pasando. Deben hablar con él o ella y consultar con un profesional para pensar la cuestión desde una perspectiva lejana a la culpa. Muchas veces los padres sienten que todo lo que les pasa a sus hijos depende de ellos o que pueden evitarles cualquier mal. Esto no es así y es muy importante poder situar los límites entre lo que es responsabilidad de los padres y lo que no. *No se puede culpabilizar a los padres.* El problema "pertenece" a quien lo padece, es algo que le pasa a la joven en su mente y en su cuerpo; y es esa persona la que puede encontrar otra solución o curarse. Muchas veces los padres quisieran hacerse cargo ellos mismos del sufrimiento de sus hijos, para aliviarlos, pero es imposible. Aunque también es cierto que el problema seguramente estará vinculado a aspectos de la situación familiar, es importante que la familia piense sus dificultades, si las hubiera, y que pueda abordarlas.

Como hemos insistido, en relación con estos desórdenes, no se trata tanto de la restricción alimentaria sino del conflicto que padece el joven. En ese sentido es importante que los padres sepan qué es lo que preocupa a su hijo, qué lo hace sufrir. Normalmente los jóvenes lo saben, pero a veces no. En este sentido, también es importante que el joven vea a un profesional con el que le sea posible hablar, porque hay cosas que se pueden hablar con los padres y otras que sólo es viable dialogar con un profesional, con alguien que no pertenezca al círculo familiar, que no esté implicado en su vida y que tenga otra perspectiva.

Se trata de no enquistar el problema en la relación con la comida. La alimentación es importante, eso está fuera de duda. Pero cuando se dirige toda la preocupación hacia este punto, es fácil que se produzca un debate en torno a comer o no comer que puede propiciar una situación de vigilancia absolutamente indeseable, y que este problema mismo encubra, como hemos dicho más arriba, las inseguridades del joven. Frente a la vigilancia surge el deseo de saltársela, de burlar al otro y su ley, y esto puede llegar a constituir lo central del ir y venir cotidiano. Y cuanto más luche el joven por imponer su voluntad, más fuerte se va a sentir, errando el camino porque el triunfo no es comer menos.

Blanca

Blanca ha estado ingresada por bajo peso en una clínica de orientación conductista. Vivió seis meses sometida a una vigilancia implacable en una cotidianeidad fría y desoladora. Salió de la clínica más gordita, pero todo su esfuerzo y su interés fue recuperar el peso y la dignidad perdidos. Consultó a un psicoanalista y pudo comenzar a vincular la cuestión de la comida con otros aspectos de su vida: de pequeña su abuela le preparaba platos especiales. Cuando tuvo una prima y vio que la abuela también la complacía con platillos de su agrado comenzó a tener problemas para comer. Ya no quería ir tanto a casa de la abuela y se hallaba triste. Todo esto estaba olvidado, pero en la conversación analítica pudo hablar de la comida como un lugar para mostrar una preferencia amorosa. Posteriormente surgió la relación con su hermana pequeña, representada en la historia de celos por su prima.

Al cabo de un tiempo comenzó a reconciliarse con su familia y a encontrar otra forma de estar con ella, más allá de las reivindicaciones. Aceptó participar en las comidas familiares sin sentir que eso era casi una condena. También es cierto que su familia volvió a interesarse más por Blanca que por la comida. Se volvió a hablar de temas generales y si sobraba un poco de alimento en el plato, ya no era un drama. Blanca poco a poco ha ido reconciliándose con la comida, con su familia, y su vida se ha ido ordenando. Ha vuelto a estudiar y ha encontrado otra mirada para afrontar sus problemas.

Tratamientos de la enfermedad, orientaciones y consecuencias

Básicamente se trata de dos orientaciones: la que pone en el centro de la cura el problema alimentario y la que lo considera una consecuencia de otros problemas, que puede desaparecer más fácilmente si no se organiza una lucha por ver quién impone su poder.

Ya en la infancia, cuando los niños tienen episodios de desarreglos vinculados a la alimentación, lo más práctico es no dar demasiada importancia a estos pequeños problemas que ellos plantean. Es normal que los niños, antes o después, se opongan a la autoridad de los padres y quieran hacer ejercicio del *no*. Cuanto más se empeñen los padres en que las cosas deben ser como ellos dicen y se enfrenten a estas pequeñas rebeldías, más van a crecer. Se ve muy bien lo que pasa en las escuelas infantiles cuando esos niños que tienen problemas en casa comen sin dificultades frente a los maestros. Se trata de un ajuste, podríamos decir, del niño con la autoridad y es importante que transcurra de la mejor manera, lo menos crítica posible.

Este ejemplo nos puede servir para pensar lo que ocurre con los tratamientos de los trastornos de la alimentación. Si no es fundamentalmente un problema con el alimento no conviene subrayarlo demasiado sino hacer lo mínimo necesario. Sin embargo, en muchos centros terapéuticos u hospitales, tanto públicos como privados, se trata a las pacientes como si fueran prisioneras, pesándolas obsesivamente, vigilándolas hasta cuando van al baño, sin dejarlas mover. Consiguen que las pacientes ganen unos kilos pero salen de una experiencia de horror, en muchos casos dispuestas a volver a adelgazar fuera de la vigilancia y sin saber nada de lo que les pasa.

Para saber algo es necesario crear un clima que permita, en primer término, una cierta confianza, que dé lugar a una conversación donde la propia joven se vaya formulando una serie de preguntas que le conciernan íntimamente y que no podrían acontecer en otro contexto. Las cuestiones que surgen en la consulta del psicoanalista no emergen en otro lugar, esto es así. Pero éste es un trabajo que requiere confianza y tiempo.

Por contraparte, en relación con la vigilancia, he recibido consultas de padres angustiados por tener que vigilar la comida de su hija, según lo indicado por el médico. Los propios progenitores se encontraban divididos en este punto: no podían dejar de vigilar (la comida, la basura, el lavabo) y de contar gramos y calorías porque debían obedecer las indicaciones terapéuticas a la vez que sentían que habían entrado en una especie de trampa; en el fondo sabían que no se trataba de un problema de contabilidad.

Estoy viendo la segunda temporada de la serie de televisión danesa *Borgen*. Se trata de una mujer que es nombrada primera ministra, así como de las vicisitudes de su vida profesional y familiar. La serie tiene un aspecto relacionado con los desórdenes emocionales de los hijos, especialmente de la hija, que no me parece bien tratado. No se trata de una anorexia pero podría haberlo sido perfectamente. Lo he recordado porque muestra muy bien cómo según el tipo de tratamiento que se ofrezca al joven, habrá unas consecuencias u otras. La hija, una adolescente, comienza a estar mal. La llevan al psiquiatra, quien le dice lo que tiene que hacer para estar bien y le da pastillas antidepresivas que ella no quiere tomar. Es una niña que sufre, entre otras cosas, porque sus padres no están con los hijos y se han separado. A escondidas ella deja de tomar las pastillas. En un momento tiene un desfallecimiento que hace que la ingresen en un hospital psiquiátrico. Lo que tenía que haber sido una joven hablando de sus problemas para intentar superarlos se transforma en una joven *psiquiatrizada*.

Aquí surge la cuestión de si las jóvenes quieren saber qué les pasa y hasta dónde se pueden aventurar por ese camino. No se puede obligar a alguien a saber pero sí es posible ofrecerle los caminos para que, antes o después, sea capaz de recorrerlos. Eso es algo a lo que todos los padres tendrían que estar abocados.

Enfermedad del amor

Los psicoanalistas decimos que la anorexia es una enfermedad del amor. Retoma lo que hemos venido desarrollando: no se trata tanto de una enfermedad del comer sino de una enfermedad de los afectos. De hecho, en la clínica, las jóvenes se quejan del amor, de la falta o el exceso, en relación con su familia pero especialmente con sus madres. Como si hubieran esperado algo que se puede cifrar en la palabra "amor", y esa espera hubiera sido desalentadora. Evidentemente algunas madres pueden haber sido decepcionantes, pero cuando esto se generaliza tanto es que estamos frente a otro problema.

Tratemos de pensarlo desde el lado de la joven y desde el de la madre.

La madre, que es mujer igual que la niña, que fue la primera que la cuidó, que seguramente será su modelo —¿o antimodelo?—, en un determinado momento resulta decepcionante. ¿Qué se espera de la madre?, ¿en qué puede fallar? ¿Se trata de algo que se puede dar desde afuera o de algo que cada uno debe construir interiormente?

La madre del amor, la madre que satisface las necesidades, la madre que es mujer, en un momento todas estas figuras entran en conflicto para la joven, que comienza a hacerlas responsables de las cosas que le pasan. "No ha sido una buena madre", "Se interesó más en mi hermanito",

"Le gustaba más salir con sus amigas que estar en casa". El listado puede ser infinito. La relación da un giro hacia la hostilidad. Las jóvenes sufren por esto pero no pueden evitarlo. Todo aquello a lo que habían dicho sí hasta ese momento se transforma en no.

Pensándolo desde el lado de la madre, la madre que satisface las necesidades a veces tapa a la madre del amor. Ella intenta que a su hijo no le falte nada, ser una madre perfecta; pero ese afán de perfección puede no ser tan bueno. En primer lugar porque no es bueno que no falte nada, y porque lo perfecto es imposible. En segundo lugar porque lo más importante no es dar algo material (comida, objetos, etcétera) sino dar algo de otro orden: palabras, un lugar, una escucha. Si nos referimos al ejemplo alimenticio, tal vez no se trate tanto de que el niño coma todos los nutrientes sino de que el momento de la comida sea un lugar agradable de encuentro entre ambos. Esto se pone en juego desde el nacimiento y constituye un modelo de relación que estará siempre presente.

Lo más importante es señalar que de esta manera, cuando prima lo subjetivo sobre lo objetivo, es decir, cuando la madre puede tener en cuenta un orden de prioridades que incluye lo emocional en un lugar preponderante, está dando un lugar simbólico a su hijo y genera la posibilidad de que él viva sus propias experiencias y pueda constituirse como persona separada e independiente de la madre, con sus propios gustos y modalidades. Algo de esto vuelve como queja hacia la madre en el momento de desencadenamiento de la anorexia. "No me dejaba elegir mis vestidos, me peinaba como ella quería, nunca tenía tiempo para mí…"

Por otro lado, hemos situado este momento de des-encadenamiento dentro de unas coordenadas sexuales, en relación con las distintas situaciones en que se pone en juego algo de esto para la joven. Aquí no debemos olvidar que la madre es mujer. Habrá que ver qué relación tiene la propia madre con su ser madre y ser mujer, si ser madre ha tapado de alguna forma el ser mujer, si soporta tener una hija mujer, en qué sentido se constituye en un modelo o no para su hija (hay jóvenes que no quieren en absoluto ser como sus madres, existen otras que sienten que sus madres son tan fantásticas que nunca podrán estar a su altura, algunas más que se avergüenzan de sus madres...) Toda esta cuestión vinculada a la sexualidad y al hecho de comenzar a transitar el camino que les permitirá ser mujer se dispara aquí en relación con la madre.

Una relación madre-hija

Hay relaciones madre-hija que reproducen matemática-mente todos los temores de las madres. Estas últimas de-ben tener la posibilidad de desplegar esos fantasmas o elucubraciones para indagarlos y que, al cabo del tiempo, dichas reflexiones tengan consecuencias para ellas y las relaciones con sus hijas.

Ana, que acude a consulta desde hace unos años, está haciendo este recorrido. Ella sufrió en la infancia un inten-to de abuso sexual por parte de un tío, episodio que en apariencia ha resuelto muy bien y sin consecuencias: no cuenta nada a nadie y cree haberlo olvidado. Al cabo de los años, una vez casada, tuvo un hijo varón y luego una hija mujer. Tener una hija le ha resultado problemático, le ha inquietado de distintas maneras y ya no le ha sido posible permanecer tranquila. Cuando su hija tenía 11 años de edad, en España se presentó un suceso horroroso de tipo sexual que implicó a jóvenes de la edad de su hija y conmocionó a la sociedad en su conjunto. En esa época su hija comenzó a padecer una anorexia grave y fue hospitalizada en distintas ocasiones, por mucho tiempo. Yo empecé a ver a la madre muchos años más tarde. Aparentemente el acontecimiento social y la enfermedad de la hija no tienen relación, pero la madre se da cuenta ahora de que para ella la anorexia de su hija fue una buena solución frente a su propio terror de que pudiera sufrir una agresión sexual. De alguna manera ella sostuvo la enfermedad porque la tranquilizaba más que el fantasma de la agresión. Hacer este recorrido le ha permitido tener otra relación con la anorexia de su hija: ya no la ve como una solución, y eso le posibilita establecer otro vínculo con su hija y su enfermedad, e inclusive le facilita pensar, por primera vez, que su hija podría tener una relación sentimental que no sea dañina para ella.

Para concluir

La feminidad y la masculinidad pueden ser vividas de muchas maneras, desde algo que falta hasta un exceso. A lo largo de la historia se han considerado de distintas formas. Pero, aun en las épocas más actuales y modernas, nos encontramos en la clínica con mujeres que, por distintos motivos, una vez que han sido madres sienten que su deseo sexual desfallece. Eso está lleno de matices pero es algo que se aprecia con cierta frecuencia. Dicha cuestión también impera en el centro de nuestra indagación por la anorexia. Son temas que deben ser vistos en cada caso.

Dejemos asentado por ahora que "anoréxica" es una idea muy amplia, que no hay "anorexia" sino "anorexias" y que el tratamiento debe acoger, pero muchas veces producir, lo que va más allá del síntoma en cada uno. Blanca es mucho más que su anorexia y hacia ese *más* debe apuntar el tratamiento, para que la anorexia deje lugar a otras cosas.

Bullying o acoso en la escuela

JOSÉ R. UBIETO

> Se limitó a abrir la puerta, subir al ascensor e intentar
> deshacerse de aquel nudo que tenía en la garganta. Pero el nudo no
> iba a irse a ningún sitio. Iba a quedarse ahí, como un aspirante a
> pirata dispuesto a conservar su par de ojos. A ratos incluso le dole-
> ría. Para entonces ya no sería rabia. Tampoco sería pena. El nudo
> simplemente estaría ahí. Y Erin tendría la sensación de que
> estaba creciendo. Aquella cosa, cualquier cosa, allí dentro.
> Cada vez más grande.
>
> L. FERNÁNDEZ, *La chica zombie*[3]

El acoso escolar (*bullying* en inglés), al que ahora se suma el ciberacoso, es una de las manifestaciones de la violencia escolar. No es la única —también encontramos discriminación, homofobia, violencia sexual, castigo corporal—, pero sí la más importante tanto por el número de episodios registrados como por las consecuencias que implica. Las cifras varían de un país a otro, pero en todo el mundo occidental se observa un crecimiento notable en los últimos años.

---

[3] Barcelona, Seix Barral, 2013.

En México, la tasa de prevalencia oscila entre 40 y 70%, considerándose el país con más casos de acoso escolar. En España la tasa se sitúa entre 3 y 10%. Cifras en crecimiento, como recuerda la profesora y experta en el tema Rosario Ortega, hasta el punto que, añade, 80% de la gente recuerda un episodio vivido de acoso, sea como agresor, víctima o testigo.[4]

Estos hechos son más frecuentes entre los 10 a 15 años de edad, sin distinción de clase social, y si hasta hace poco la proporción entre los chicos doblaba la de chicas, hoy vemos cómo esta diferencia tiende a igualarse si bien con manifestaciones diferentes según el sexo.

El acoso escolar incluye conductas diversas: insultos, burlas y agresiones físicas, pero también aislamiento, segregación, rumores, atentados a la privacidad, amenazas por internet. Un dato interesante y reciente es el hecho de que distintas encuestas anónimas coinciden en que son los chicos los que manifiestan haber sufrido más abusos y agravios sexuales que las chicas. También se constata el aumento de las conductas agresivas por parte de las mujeres que se suman a las ya clásicas de difamación o rechazo de otras compañeras.[5]

Si bien se trata de una violencia entre iguales, tiene algunas características que lo hacen específico y al tiempo lo convierten en la forma de violencia más temida por

---

[4] R. Ortega. *Agresividad injustificada, bullying y violencia escolar*, Madrid, Alianza, 2010.

[5] Javier Elzo (2005), "Chicos y chicas: tan similares y tan distintos", en *Educación social: Revista de Intervención Socioeducativa*, núm. 29, <m.redined.mecd.gob.es/xmlui/bitstream/handle/11162/96404/00920123017897.pdf?sequence=1>, consultado el 10 de marzo de 2016.

los propios afectados.[6] El acoso implica que haya una intencionalidad clara por parte del agresor, que exista una continuidad que vaya más allá de una agresión puntual y que se presente un desequilibrio claro entre agresor y víctima que impida a esta última defenderse.

Todo ello impone una ley del silencio que perpetúa el patrón de dominio-sumisión. Esta ley del silencio incluye a padres y maestros que, en muchas ocasiones, ignoran el fenómeno revelando así la importancia de la cultura entre iguales en este momento vital (preadolescencia).[7] Oculto a los ojos del adulto (los rincones de los patios y los wc son sus lugares privilegiados), su existencia requiere que sea perfectamente visible a los ojos de los iguales. Romper el silencio es trasgredir cierto código de honor adolescente y eso no suele suceder sin efectos para el delator.[8]

Las consecuencias del acoso sobre las víctimas son diversas e incluyen tanto síntomas físicos: dolores de cabeza, estómago, espalda, fenómenos de vértigo; como síntomas psicológicos: malhumor, irritabilidad, soledad, nerviosismo, impotencia, depresión, ansiedad y, en el extremo, ideas suicidas.

A todo ello se añade, en muchas ocasiones, un bajo rendimiento escolar por la presión a la que son sometidos los jóvenes de esta edad.

---

[6] D. Olweus, *Conductas de acoso y amenaza entre escolares*, Madrid, Morata, 2006.

[7] S. Freud, "Contribuciones al simposio sobre el suicidio (1910)" en Obras completas, vol. II, pp.1636-1637, Madrid, Biblioteca Nueva, 1981.

[8] J. P. Bellon y B. Gardette, *Harcèlement et brimades entre élèves*, Paris, Fabert, 2010.

La actualidad del *bullying*

Todo fenómeno tiene su clave temporal: lo que aparece ligado a la época donde surge, y su clave atemporal: lo que lo conecta con el pasado y con motivos más profundos. En el caso del *bullying* lo que no cambia, aquello que permanece fijo, es la voluntad de dominio y la satisfacción sádica que algunas personas encuentran en someter a otros a su capricho. Eso ha existido siempre como el ejercicio del abuso en la escuela.

Pero ¿qué razones del momento que vivimos podríamos argumentar para explicar las formas actuales que toma este fenómeno? Sin ánimo de abarcar todos los motivos podemos aportar tres a considerar: la decadencia de la figura de autoridad, encarnada tradicionalmente por la imagen social del padre y sus equivalentes (maestro, cura, gobernante); la gran importancia de la mirada y el ser mirado, de ser visto por los otros, incluso en lo íntimo, para existir en el mundo digital y en las redes sociales, donde se confunde lo personal con lo social, y la desorientación adolescente respecto de las identidades sexuales.

Estos tres elementos convergen en un objetivo básico del acoso que no es otro que violentar lo que nos hace diferentes, singulares. La manera de ser de la víctima cuestiona las maneras propias. Esta hipótesis explicaría dos fenómenos relevantes: la colaboración muda de los testigos que se aseguran así de no ser incluidos en el bando de las víctimas, y el hecho de que el acoso se manifiesta en conductas de humillación y aniquilación psicológica del otro, más que en agresiones graves o abusos sexuales, que por otra parte resultan más difíciles de ocultar.

Veamos la primera hipótesis. Una transformación social, bien visible en nuestra época, es el cuestionamiento del concepto tradicional de "autoridad" como señal social y relacional ligada a las diferentes figuras del maestro o el padre. La *auctoritas* (autoridad) se igualaba en el régimen patriarcal a la *potestas* (poder) y ello se sustentaba en las marcas del padre revestido de ese poder-autoridad que la sociedad en su conjunto le atribuía. El propio profesor no era sino otra figura, presente en el ámbito escolar, a la que se le transfería esa característica. Se le suponía un saber y al mismo tiempo se observaba su moral como índice de la conducta a seguir.

La violencia escolar, y su aumento, se sitúa hoy como respuesta a una cierta disminución de esta imagen social del padre o maestro que se ha visto sustituida por un modo de relación basado menos en la jerarquía vertical y más en un modelo horizontal, como una red. A falta de la consistencia de esa referencia con la cual identificarse aparecería cierto sentimiento de abandono que haría de cualquier escolar una posible víctima del otro. Si antes era el amo-maestro el que regulaba el ejercicio de esa violencia que reprimía con castigos y sanciones, ahora esa violencia puede estallar entre los iguales más fácilmente. El sentimiento de impunidad del acosador nace de este vacío educativo, en esta "aula desierta" de la palabra del adulto.[9]

Un dato que constatamos en una investigación llevada a cabo con alumnos de secundaria, a propósito del uso que hacían de los teléfonos móviles para filmar peleas en

---

[9] Concha Fernández Martorell, *El aula desierta: la experiencia educativa en el contexto de la economía global*, Plaza Editores, Barcelona, 2008.

los patios escolares, nos enseñó que ellos disponían siempre de una carta oculta para regular ese conflicto: cuando la pelea parecía descontrolarse, alguien, de manera casi espontánea, corría a llamar a un adulto para que su presencia pusiera fin al conflicto. Mostraban así que la pelea misma no era sino una escena dirigida a ese otro adulto que debía finalmente interpretarla y ponerle fin, ya que el control y los límites entre iguales no eran suficientes.[10]

Una segunda transformación social está relacionada con la función de la mirada multiplicada por los *gadgets* modernos. El intercambio creciente, entre los propios jóvenes y a través de todo tipo de medios digitales (internet, móviles, redes sociales), de imágenes relativas a peleas y agresiones junto a la proliferación de *reality shows* donde no escasean estos actos o su relato confirman que la violencia, hoy, no es pensable sin su representación que incluye la escena misma y la fascinación que produce entre unos (actores) y otros (espectadores).

El hacerse ver resulta un dato fundamental, como hemos tenido ocasión de comprobar en diferentes sucesos: desde el asesinato de una indigente en una oficina bancaria en Barcelona, a cargo de unos jóvenes, hasta la quema de coches y bienes en los suburbios de París. Todos ellos no serían pensables sin la luz que las propias hogueras arrojaban para mostrarnos esa violencia como la falta de salida de estos jóvenes ante un futuro a veces muy oscuro e incierto.

---

[10] R. Martinez (IP), *Violència, Internet i escoles. Normativització de la vida corrent lligada a la difusió de vídeos amb pràctiques agressives a Internet*, Investigación competitiva Secretaria General de la Joventut de la Generalitat de Catalunya, 2008.

Aquí la violencia exige visibilidad y, en el caso del ciberacoso, viralidad. Es este auge de la satisfacción ligada a la mirada lo que explicaría el aumento del ciberacoso y sus diferencias del acoso en vivo.

Finalmente, pero no por ello menos importante, encontramos la crisis de las identidades sexuales.[11] Se trata de una crisis motivada por la constatación, a cielo abierto, de la carencia de referencias significantes que antes ofrecían sin ambigüedades un perfil claro de lo que se pensaba era un hombre y una mujer; una respuesta a las preguntas de cómo serlo. Ahora constatamos una crisis en la masculinidad, rebote de la decadencia ya mencionada de la imagen paterna[12] y un aumento de los estilos masculinizados entre las mujeres.

Esta crisis afecta de manera especial a los adolescentes porque los obliga a "inventar" sus propias imágenes o manifestaciones sexuales, sus maneras de ser hombre o mujer sin el apoyo claro de los discursos tradicionales. En ese trabajo de construirse el tipo sexual los compañeros resultan fundamentales y es por ello que ningún adolescente puede sentirse ajeno a las modas y tendencias de sus grupos. Cuando alguno toma un camino propio puede ser rechazado por su elección particular, como vemos en muchos casos de *bullying*.

---

[11] Vilma Coccoz, "Acerca de los semblantes sexuales", <blog.elp.com/all/cat23/acerca_de_los_semblantes_sexuales_por_vi>, consultado el 18 de noviembre de 2014.

[12] Jacques Alain Miller, "Buenos días sabiduría", en revista *Colofón*, núm. 14, abril de 1996.

La felicidad como obligación

Estas tres transformaciones caen directamente en la construcción de la persona y en su manera de estar en el mundo. Tradicionalmente ésta se constituía sostenida por una serie de identificaciones a todo un conjunto de rasgos que le permitían a alguien representarse. Así alguien aparecía como sucesor y continuador de los valores familiares o comunitarios (trabajo, patria, dios). Ello le otorgaba una significación a su vida y un lugar y un lazo en la comunidad de pertenencia.

Hoy ese lugar del ideal ha perdido peso y la pasión por el consumo ha ocupado un lugar de privilegio. Es por ello que cada vez más las personas recurren, para mostrarse en el mundo, a los modos de satisfacción que les procuran estos objetos, multiplicados por la ciencia y la producción capitalista. Si antes alguien podía presentarse con los símbolos de su ser de militante político ("Soy comunista") ahora se presenta con su tener objetos ("Tengo un *smartphone* de última generación").

Este consumo generalizado surge del empuje a la satisfacción instantánea como vía de la búsqueda del reconocimiento y la felicidad. Promueve así una autosatisfacción sin necesidad de otra persona o presencia, ni de la respuesta que da alguien diferente que no está a la disposición inmediata, como lo hacen la tableta, la computadora o el teléfono.

La felicidad aparece entonces como un imperativo, más que como una elección de placer. Un imperativo —*¡Goza más!*— que nos hace correr para alcanzarla con la paradoja de que siempre nos quedamos a medias, ya que la característica de los objetos consumidos es que siempre nos dejan insatisfechos. No podría ser de otro modo, ya que de lo contrario el propio sistema capitalista dejaría de generar beneficios. Como sucede con la Coca-Cola: cuando la bebemos para saciar nuestra sed no conseguimos sino tener más sed y renovar así nuestra insatisfacción para seguir consumiendo.

Ésta es la apariencia de nuestra época: caídos los rostros tradicionales cada uno corre presuroso a asegurarse su ración de goce. Es por ello que las víctimas de la violencia (incluido el acoso escolar) comparten una misma característica: muestran lo que les falta: indigentes (sin techo), inmigrantes (sin papeles), homosexuales (sin virilidad), alumnos *frikis* (sin normalidad).

La época exige un "todos iguales" en los estilos de vida, "ser como los demás, normal, como todo el mundo" se escucha en no pocos pacientes, por el peso de los modelos y estereotipos en perjuicio de la forma de ser singular de cada persona. Ésta es la paradoja de la libertad de nuestros tiempos: al no haber ley o autoridad que transgredir queda el mandato que obliga a gozar siempre un poco más para alcanzar la felicidad.

Este funcionamiento basado en la repetición del consumo, cada uno con su objeto, no favorece los proyectos comunes sino que deja a las personas compartiendo un espacio del cual quedan excluidos los raros, aquellos que encarnan, más que otros, la diferencia, lo extraño, y provocan por ello el odio, la burla y el acoso.

El pánico de verse separado de ese espacio compartido (pandilla, círculo del patio, chat) y de los beneficios de sentirse identificados en el grupo que conlleva, hace que el adolescente quiera ser como los demás, uno más del grupo por temor a ser rechazado. Por ello el *bullying* plantea siempre tres elementos: el o los agresores, la víctima y el grupo de espectadores, muchas veces mudos. Sus testimonios resaltan su deseo: callar y aplaudir para no ser víctimas ellos también.

Agresores, víctimas y testigos

Si bien no hay un perfil único de agresor ni tampoco de víctima, observamos algunas constantes. En el agresor solemos encontrar antecedentes de haber sido violentado en su propia familia, por otros, o bien por rencores y celos. Hay acosadores con rasgos perversos evidentes, pero también los hay que basan su acto en obtener un beneficio concreto. En general, el acosador resulta ser un hábil manipulador, capaz de captar el punto débil del otro provocando dolor sin sentir por ello remordimiento. Su doble rostro, seductor y maltratador, le permite hacer reír a los demás al tiempo que pasa desapercibido ante los docentes que, en muchas ocasiones, lo toman por un bromista.

Sin embargo, esta apariencia de control no le ahorra la división interna, la angustia y otro tipo de malestar. De hecho se constata que su percepción de la escuela y del entorno es negativa, al igual que la de sus víctimas. En su caso parece que ese malestar es previo —y resorte— de su práctica de acoso.

Un ejemplo de una joven acosadora

R es una adolescente de 14 años, traída a la consulta por los padres a raíz de una denuncia de la escuela por haber liderado un grupo de seis chicas que han mantenido un acoso y una agresión a una compañera. Se presenta con un aspecto sexualmente ambiguo, resaltando los signos masculinos (pelo corto, imagen desaliñada y desprovista de todo signo de feminidad, lenguaje procaz) y una actitud desafiante.

La pequeña de tres hermanos perdió al padre —murió de manera traumática en un accidente de tránsito— hace cinco años, en la actualidad la madre convive con un nuevo compañero que tiene a su vez tres hijos de un anterior matrimonio y desde hace siete meses la pareja tiene una hija en común. Esta pérdida del padre supuso un golpe importante para R, una decepción, ya que ella tenía para él un valor especial (sus otros hermanos eran varones y el padre había insistido en tener una hija). La relación con su padrastro ha sido siempre muy complicada y marcada por una tensión agresiva y un rechazo manifiesto.

La nueva configuración familiar le ha supuesto quedar relegada a un lugar secundario ante la incorporación de los tres hermanastros (todos varones) y el reciente nacimiento de la hermana. Aparece aquí una versión de la familia reconstituida con una pluralización de padres y madres.

La elección de la chica víctima del acoso viene condicionada por los rasgos muy femeninos que presenta: de origen extranjero, actúa con cierto desparpajo sexual ante los chicos y manifiesta en ello satisfacción y también una cierta docilidad ante sus peticiones. Esto a R le resulta intolerable, no soporta que esta chica consienta a una cierta posición de objeto causa del deseo de los chicos. Destaca uno de los signos más evidentes de esta versión femenina: el pelo de la chica que luce como trofeo (una larga melena morena) y que contrasta con el desaliño del pelo de R como chico. Es por esto que en la paliza que le propinan y que da lugar a la denuncia, R tiene especial interés en cobrarse el trofeo y la rapa.

En su relato de los hechos se aprecian con claridad las dificultades de R para encontrar una versión de la feminidad, una imagen sexual para ella. La posibilidad de un encuentro sexual, aunque sólo sea una relación para salir a pasear, es inimaginable para ella. La versión con la que cuenta no le permite, por el momento, otra salida que una identificación muy masculina con un fuerte rechazo a lo que implica ser mujer.

Las víctimas tampoco parecen incluirse en una categoría psicopatológica. El único rasgo en común parece ser la circunstancia de algún dato que les hace aparecer, ante el grupo, como raros: demasiado inhibidos a veces, en otros descarados o simplemente que no visten ropa de marca, que no siguen la moda. Sus rasgos "extraños" y particulares los diferencian del conjunto (sobrepeso, uso de gafas, minoría cultural, gustos extraños, otros rasgos del cuerpo) y los hace vulnerables y presa del acosador. En ese sentido nadie está excluido, en principio, de su condición posible de acosador o víctima.

Su silencio —a veces muy "ruidoso" por los síntomas que produce— responde al temor de sufrir represalias y también a intensos sentimientos de culpa y vergüenza por la humillación recibida. Esa condición de invisible le encierra cada vez más en sí mismo y lo desvaloriza. Es por ello que el aislamiento es uno de los índices más fiables de estar sufriendo acoso.

El significante "víctima" está hoy omnipresente en nuestras vidas y en el discurso de todos los días. El psicoanálisis no desconoce el sufrimiento que suponen los fenómenos de violencia pero su labor implica pensar al ser como responsable —el que puede responder de sus hechos y dichos— más que como sujeto pasivo. Esa pasividad que en muchas ocasiones implica ese lugar de víctima supone que la persona queda muda, sepultada tras esa etiqueta. Una víctima es alguien de quien se habla, en nombre de la cual se realizan actos políticos, educativos o terapéuticos, pero su inclusión en la clase "víctima" la excluye del acceso a la palabra y en ese sentido la desresponsabiliza.

Veamos la historia de una adolescente, víctima continuada de acoso. S es una chica de 14 años que cursa primero de secundaria y que desde el inicio del curso es motivo de burla e insultos —incluyendo una agresión— por parte de un grupo de compañeros de clase. El último episodio fue la difusión en internet de un fotomontaje en el que aparecía desnuda y con un lema: "S, la descarada". Su historia familiar incluye episodios de abusos sexuales en la primera infancia, razón por la cual le fue retirada la tutela a los padres y asignada la guarda y custodia a la abuela paterna.

La trayectoria de S está muy marcada por esta experiencia de goce precoz. En un primer momento ella misma busca un tratamiento de este suceso traumático mediante la exhibición impúdica de su cuerpo con la consiguiente alarma escolar, social y familiar que ya de entrada le asigna una fama de rara y descarada. Más tarde, ya en la segunda infancia, puede velar esa exhibición y desplazarla a una confesión generosa de sus gustos y preferencias en el ámbito de los chicos.

Esa posición, incauta e ingenua, de chica que manifiesta sin equívocos sus gustos y que se presta a todas las comedias de enredo, la convierte en objeto de burla y desprecio, especialmente para sus compañeras de clase. Exploran a través de ella diferentes versiones de la feminidad que van desde la intrigante hasta la fácil dejándola hundirse cuando les conviene. S es así un personaje peculiar, algo singular en el contexto del grupo clase, y eso mismo le hace ser víctima de aquellos y aquellas que se sienten cuestionados en sus propios interrogantes acerca de ser mujer u hombre.

Muchos pacientes adultos nos explican sus vivencias como niños y adolescentes acosados, a veces se trata de la primera vez que lo testimonian. A, joven de 28 años, relata en su análisis el acoso continuado que sufrió durante toda la escuela primaria y los primeros cursos de secundaria. Una pequeña marca en el rostro se convirtió en objeto de burla y para él tomó consistencia porque esa marca era también la marca de la vergüenza del padre (que la tenía igual) para abordar a las mujeres. A no puede hablar de ese acoso con nadie y tampoco con los padres ocupados por problemas graves de salud. La humillación que sufría en silencio iba minando su confianza y provocaba su retraimiento social.

No fue hasta el bachillerato, y tras cambiar de escuela, que pudo quitarse de encima lo que él llama "un peso pesado" que en muchas ocasiones experimentaba, como la protagonista de la novela con la que encabezamos el texto (*La chica zombie*), un nudo en el estómago que no lo dejaba en todo el día. Ahora reconoce que él puede ser muy sádico en las relaciones sociales y que no duda en burlarse de compañeros o amigos apuntando a alguna debilidad que rápidamente capta en ellos. Lo que sigue sin poder resolver es su encuentro con las mujeres donde la marca de esa vergüenza sigue muy viva para él.

La estrategia del olvido, practicada por muchas víctimas, no suele funcionar ya que lo reprimido tiende siempre a retornar. La desvalorización de sí mismos toma entonces la forma de un odio de sí mismos que requiere, para frenar su pendiente destructiva y atormentadora, un trabajo terapéutico a veces de larga duración.

El *bullying*, decíamos antes, plantea siempre un ternario formado por el o los agresores, la víctima y el grupo de espectadores, testigos mudos y expectantes. Estos últimos son, con su pasividad, los que sostienen el acoso persistente, de la misma manera que con su oposición podrían frenarlo. La filmación de palizas a la salida de la escuela nos perturba por su brutalidad, pero también por la difusión en las redes sociales y por la inhibición de los testigos, compañeros y adultos.

¿Cómo entender la inhibición de los testigos? ¿Se trata de una aprobación de la agresión, de un miedo insuperable, de un goce del espectáculo o de una mera indiferencia ante el dolor de la víctima? Es posible que varias de estas razones cuenten para algunos de los presentes. El joven de la novela de Musil, *Las tribulaciones del estudiante Törless*, testigo de la violencia sobre Basini, asiste impávido, molesto y al tiempo fascinado sin saber si es por la violencia de los acosadores o por la falta de coraje de la víctima.

En cualquier caso lo que comprobamos en estos hechos es que la figura del testigo mudo y cómplice es clave por dos razones. Por una parte su mirada, muchas veces retransmitida por las pantallas (móviles, redes sociales), añade una satisfacción adicional al recrearse en la violencia y el dolor del otro sin por ello involucrarse directamente en el cuerpo a cuerpo. Al tiempo concede cierto protagonismo al agresor por la repetición de las imágenes.

Por otro lado, inhibirse, y por tanto hacerse cómplice del fuerte, asegura a cada uno imaginariamente su inclusión en el grupo dominante y evitar ser así excluido de él por *friki* o apestado. Los adolescentes dudan de su condición de "normales", temen "no dar la talla" y ser apartados quedando como los raros.

El acoso es pues una forma de sustraer a la persona de su síntoma particular, aquello que aparece en él como rareza, signo de diferencia, para promover así que todos se satisfagan de la misma manera, con los mismos gustos y estilos de vida. Confirma así el empuje de un cierto fundamentalismo moral que promueve la intolerancia hacia quien se sitúa fuera de la norma.

La función de la humillación, tan presente en todos los casos de *bullying*, es decisiva, ya que apunta a la identidad de quien no comparte el estilo de vida del acosador, y que por ello es separado del espacio común y es expulsado. De allí que en algunos casos el suicidio aparezca como la única vía para restituir la dignidad humana.

El ciberacoso

La generalización del uso de internet entre niños y adolescentes ha dado lugar a un nuevo tipo de acoso, conocido como *cyberbullying* o ciberacoso. Se trata de una agresión intencional, al igual que el *bullying*, realizada de manera individual o grupal por medios electrónicos y de forma persistente hacia una víctima que no puede oponerse.

El ciberacoso incluye modalidades diversas: mensajes dañinos o amenazantes a través de las redes sociales (Facebook, Twitter, Tuenti), llamadas o *emails* acosadores, difamaciones en la red, envío de fotos personales o íntimas realizadas con el celular o captadas con la *webcam*, amenazas en chats.

El ciberacoso plantea algunas características específicas derivadas de la naturaleza misma de la red. Por una parte procura un anonimato al agresor que favorece el insulto o la amenaza y dificulta su detención. La amplia difusión de los mensajes, lo que se conoce como *viralidad de la red*, amplifica los efectos del acoso y el daño a las víctimas produciendo un sufrimiento difícil de detener, y ello independientemente de la voluntad del acosador, que a veces no pasa de querer producir un daño moderado. Por otra parte, la permanencia de los mensajes y su difusión en las redes sociales facilitan el acoso ya que no es necesario repetir la agresión continuamente, basta con favorecer que una amenaza, insulto o difamación se extienda para que sus efectos se multipliquen.

Un aspecto positivo es que la red, por la ausencia de control sobre sus usuarios, ofrece también oportunidades de defensa para la víctima que puede, a su vez, contrarrestar la difamación con sus propias intervenciones, lo cual le resultaría más difícil, si no imposible, en persona.

Las cifras actuales del ciberacoso son muy variables, pero hay coincidencia en señalar un aumento de esta modalidad. En España se calcula una tasa de entre 3 y 10% de niños y adolescentes víctimas del ciberacoso, y 25% de escolares que han sido testigos de estos fenómenos.[13]

Los niños con uso frecuente de internet, especialmente aquellos que lo usan para ampliar sus relaciones sociales, son más vulnerables a sufrirlo. Se constata también una continuidad entre el *bullying* y el *cyberbullying* tanto a nivel de agresores como de víctimas de acoso: si alguien los acosa en la escuela algunos pueden volverse agresores en las redes.

Las consecuencias psicológicas del ciberacoso son similares a las del acoso: depresión, ansiedad, síntomas corporales, trastornos del sueño, sentimiento de indefensión, pérdida de confianza en sí mismos, llegando en algunos casos al suicidio.

Los tipos de ciberagresor no varían mucho del acosador: se trata de personas con escasa empatía, dependencia de la tecnología y conductas perturbadoras en la escuela.

---

[13] Save the Children. "Acoso escolar y ciberacoso: propuestas para la acción", <http://www.savethechildren.es/sites/default/files/imce/docs/acoso_escolar_y_ciberacoso_informe_vok_-_05.14.pdf>, consultado en 18 de noviembre de 2014.

Respuestas al acoso

Abordar el acoso y el ciberacoso no resulta fácil por esa ley del silencio a la que nos hemos referido. Muchos casos, al igual que sucede con los abusos sexuales infantiles, son reconocidos en la juventud e incluso en la adultez. Todo ello hace que las respuestas habituales sean respuestas reactivas a sucesos que implican una alarma social y mediática, en general con consecuencias graves para la víctima (suicidio). Las situaciones menos graves, y mayoritarias, quedan invisibles y son sufridas en silencio por los afectados.

Partiendo de este hecho nos conviene, entonces, implementar estrategias diversas y diferenciadas que comprometan a los alumnos, a los maestros y a las familias. Estrategias que combinen la atención individual, partiendo de cada caso, y la dimensión grupal cuya influencia en la persistencia del acoso, como hemos visto, es notable.

Hoy contamos ya con múltiples disposiciones legales ligadas a la Convención de los Derechos del Niño que facilitan este abordaje. Junto a las medidas legales, necesarias pero insuficientes, hay que destacar el papel relevante de la escuela para abordar el acoso, evitando así la psiquiatrización o criminalización de esta violencia. Sabemos que hoy uno de los recursos más habituales, por lo que hace al abordaje de los malestares en la infancia, es renunciar a la capacidad de respuesta educativa y dejar que los expertos —incluida la medicalización creciente de la infancia— se ocupen de este malestar. Esta estrategia está produciendo ya efectos devastadores en los escolares, en los docentes y en sus familias, que se desresponsabilizan de sus asuntos perdiendo su capacidad de afrontamiento del problema.

Los programas de abordaje del *bullying* que parecen tener mejores resultados son los que se basan en la participación y en el compromiso de todos: padres, maestros y alumnos. Algunos, por ejemplo, promueven que los alumnos mayores funjan como tutores de los de cursos anteriores para ayudarles a integrarse en el colegio y evitar su aislamiento del grupo. Esa responsabilidad que se les confía ayuda a unos y a otros a hacerse más conscientes de la importancia de contribuir a mejorar la convivencia en las escuelas y reduce de manera drástica los fenómenos de violencia y de acoso.

En este sentido algunas líneas de actuación sugeridas por muchos expertos y profesionales que trabajan en el ámbito de la educación y la salud serían las siguientes:[14]

- Mejorar la detección y la denuncia con participación de los propios niños acosados.
- Mejora de la organización escolar implementando medidas de participación efectiva.
- Evitar las medidas punitivas como medida única, ya que se constata que incrementan la violencia, si bien en ocasiones resultan necesarias.
- Favorecer la coordinación entre los diversos profesionales (atención social, educación, salud, juristas) para un abordaje global.
- Mejorar la formación de docentes compartiendo las experiencias que han demostrado su idoneidad y apostando por la innovación educativa.

[14] *Ídem.*

- Contar siempre con los padres para asegurar su participación y hacerlos corresponsables. En algunos casos son los propios padres quienes justifican a su hijo acosador y en otros se trata de la culpa intensa de los padres de las víctimas.
- No dejar solos a los niños o adolescentes con sus *gadgets* tratando de acompañarlos en el uso de esas nuevas tecnologías que, junto a sus potencialidades, pueden convertirse también en un instrumento de acoso.

TDAH: ¿cómo pueden unas letras decir algo sobre mi hijo?

GUSTAVO STIGLITZ

Un problema que encontramos en muchos lugares y que aún parece seguir desarrollándose, como el TDAH, merece un abordaje amplio y que incluya distintas opiniones, ya que es mucho más lo que no se sabe que lo que sí.

Este padecimiento que convoca a diferentes disciplinas como la medicina, la psiquiatría, el psicoanálisis, la psicología, la pedagogía, pero también a la industria farmacéutica, las aseguradoras de trabajo y los sistemas públicos y privados de la salud, exige escuchar distintas opiniones e informar sobre los distintos tratamientos posibles, para que los padres puedan elegir libremente el tratamiento para sus hijos a partir de los que les generan confianza.

Soy médico psiquiatra y psicoanalista. Trabajo con niños y adolescentes desde hace poco más de treinta años, con tratamientos farmacológicos y psicoanalíticos. Mi práctica se ha desarrollado en Barcelona, España, y en Buenos

Aires, Argentina. He seguido atentamente la evolución del TDAH y otros padecimientos frecuentes en la infancia y la adolescencia. Pero a la hora de sentarme a escribir, me es imposible no pensar también como padre. Lo que sigue son observaciones y opiniones a partir de trabajos científicos y experiencia profesional, pero no quedará afuera ni la perspectiva de los padres ni la de los niños.

Hasta hace no mucho tiempo, si un niño no prestaba atención en la escuela, se decía que era un distraído o que era un vago, y se intentaba motivarlo y causar su interés en una parcela del conocimiento. Si un niño era inquieto, no paraba de moverse de un lado para el otro en distintas actividades que por lo general molestaban a los adultos; se decía que era travieso, movedizo, y se buscaba el truco para tranquilizarlo. Y si un niño hacía de golpe algo que lo ponía en riesgo a él o a otros, se afirmaba que era malo o que no sabía lo que hacía y se intentaba transmitirle los riesgos a los que se exponía.

Hoy, siguiendo la tendencia de una psiquiatría que intenta englobar a las personas y clasificarlas según algunos rasgos en grandes grupos, más allá de las diferencias personales, se ha puesto todo en un mismo grupo y entonces un niño con alguna de las características mencionadas entra en la clase de los que tienen TDAH: trastorno por déficit de atención con o sin hiperquinesia.

Veamos qué ha cambiado.

Primero y fundamental: lo que era una forma de ser, un estilo que requería de cierta orientación de parte de los adultos, se ha transformado en un trastorno que requiere tratamiento. *Trastorno* quiere decir —en estas clasificaciones que no se basan en criterios médicos ni del sentido común, como veremos— que está fuera de la norma y entonces hay que corregirlo. Aquí es que nos sumamos al interrogante del profesor y doctor Thomas Szasz, quien fuera presidente de la American Psychyatric Association en otra época: "¿Desde cuándo un comportamiento es una enfermedad?"

Segundo: si un niño tiene sólo una de las características igual se le incluye en la clase TDAH. Porque será un TDAH sin hiperquinesia, o un TDAH a predominio de la impulsión o del déficit de atención, etcétera. Una vez creada la clase TDAH, un niño que tiene problemas en la escuela o en su casa debido a la conducta o su rendimiento debe entrar en esa clase, aunque para ello hay que "abollarlo" un poco. (Abollarlo = deformarlo.)

En síntesis nos preguntamos: ¿qué ha ocurrido en la relación con nuestros niños que hoy es necesaria tan grande movilización de recursos médicos, de aprendizaje y rehabilitación para que llegue más o menos a buen puerto? Algo no anda bien.

Situación actual del TDAH

De dónde viene y algunas razones de su expansión y difusión en los últimos años

En medio de las tantas y diversas opiniones sobre el diagnóstico, el pronóstico y el tratamiento, es fundamental aclarar tres puntos clave:

1. El mal real y la construcción social

Diferenciemos ambos. El "mal real" es el hecho de que, en efecto, hay niños, jóvenes y adultos que padecen problemas acarreados por una dificultad en la atención, o por ser muy inquietos o impulsivos, o por la combinación de más de una de estas características. En ocasiones, esto lleva a situaciones que requieren un abordaje especializado porque hacen difíciles los aprendizajes o las relaciones con los otros, pero, sobre todo, porque el niño la pasa mal.

La llamada *construcción social* es toda la serie de valoraciones en cuanto a si es o no una enfermedad, cuán grave es, si se trata con esto o lo otro, las estadísticas, las causas, etcétera. Es el modo en que se nombra y se dice lo que ocurre, el mal real. Una imagen posible para representarnos este par es la de un fruto con su semilla. Ésta es el mal real, lo duro del asunto, mientras que la construcción social es lo que lo rodea, lo envuelve, lo cubre, no lo deja ver. El fruto puede tener distintos gustos que a algunos agradan más que a otros: sabor a medicamento, a palabras, la reeducación.

Esta construcción es muy dependiente de los modos de hablar, las sensibilidades, los ideales de las épocas, las ideas que predominan. Como menciona el sociólogo canadiense Ian Hacking cuando señala que lo que cuentes dependerá de la teoría o la idea que tengas sobre lo que estás contando.

Esto es mucho más verdadero que si nos dicen con certeza absoluta que sólo hay una respuesta. La causa del TDAH será X según una teoría y será Y según otra. Por lo tanto, los tratamientos pueden variar. O sea, que a la hora de enfrentar el tema de un posible TDAH hay que saber que no hay garantía última sobre la causa, ni sobre "el mejor y único tratamiento". Por lo tanto, se trata de una decisión que debemos tomar los padres, apoyándonos en los profesionales que merezcan nuestra confianza, y desconfiar de todo aquel que diga que tiene la solución única para todos los casos.

2. Las falsas opciones

Otra cuestión fundamental. No es verdad que los padres tienen que optar entre medicamentos o psicoanálisis, psicoanálisis o pedagogía, pedagogía o medicamentos. Puede que un niño esté en tratamiento psicológico y requiera un apoyo con medicamentos, en una situación extrema. Quien plantea el debate en esos términos, es porque quiere convencernos de que una opción es la buena y la otra es la mala. Los intereses que mueven a imponer un tipo de tratamiento igual para todos, en un campo en el que las demostraciones sobre la causa no existen, siempre tiene motivos oscuros. De esto se desprende nuestra tercera cuestión fundamental:

3. Un niño es alguien irrepetible

No hay dos niños, adolescentes o adultos iguales. Esto es muy importante porque quiere decir que no existe un tratamiento igual para todos. Una cosa muy curiosa: los niños siempre han defendido con uñas y dientes sus diferencias. "¡Esto es mío!", "¡Yo quiero el rojo!", "¡Yo primero!"
Una experiencia muy interesante al respecto fue la de los *kibutz*, las comunidades colectivas israelíes. En los

orígenes de esa forma de vida, los educadores apuntaban a eliminar las diferencias y para ello todos los niños recibían el mismo tipo de juguete, plato, cubiertos... ¿Qué era lo primero que hacía cada uno con los juguetes y otros objetos que recibía? ¡Los marcaba! Sí, para diferenciarlos de lo de los otros. "Ésta es *mi* muñeca", "Éste es *mi* soldadito", y así. Se trataba de defender y mantener la diferencia, lo particular, lo incomparable, lo irrepetible.

Mientras que los adultos, cada vez más, se esfuerzan en lo contrario, en borrar las diferencias y en ser y aparecer "como tiene que ser". Las mismas ropas, los mismos músculos, los mismos aparatos, la misma información. Todos iguales. Y si no... "¡Fuera de aquí. No mereces ser de los nuestros!"

Y en el campo de la salud... todos los mismos diagnósticos. Para la medicina —con matices— se entiende: una angina es una angina y un cálculo renal es un cálculo renal. Para tratar la primera hay que eliminar el germen que la produjo y en el segundo caso, eliminar el cálculo.

Pero construir "la clase de los que padecen TDAH"... Eso es más dudoso, por la sencilla razón de que no hay dos niños iguales. El niño es alguien con derechos. Aquí no quiero meterme con el tema de los derechos sin hilar fino. Porque en nombre de esos derechos es que también se hacen barbaridades, sobre todo en derecho de familia, como por ejemplo dejar a un niño con su madre que lo malcuida y maltrata hasta morir, porque tiene derecho a estar con su madre. Me refiero aquí —y quizá podría usar esa expresión— a que el niño es alguien con voz propia.

Para que un abordaje terapéutico sea considerado viable, digno y "con los pies en la tierra", debe hacer lugar, tener en cuenta y respetar —lo que no quiere decir seguir al pie de la letra, ni satisfacer todo lo que piden— la opinión, los pensamientos, las palabras del niño o el adolescente. Es decir, no debe dejar afuera al que lo padece. No es suficiente que un protocolo (preguntas, test y respuestas en función de los resultados) indique cuál debe ser el tratamiento, si no se escucha al niño y a sus padres. Lo que el niño tenga para decir de su malestar es fundamental. Sus palabras son importantes, cómo lo vive. Cuesta pensar en un tratamiento que no lo tenga en cuenta. Ya sea a la hora de indicar una medicación, como de conducir un tratamiento psicoanalítico o psicológico.

Es más: un tratamiento que no se centre en lo que el niño y sus padres dicen sobre lo que pasa para poder responder al malestar, no puede pretender ser un tratamiento serio, orientado y digno.

Recuerdo a un niño que recibía estimulantes para el déficit de atención que me decía: "Dicen que es para poner más atención en la escuela, pero a mí me lo dan para ir a la escuela, al restaurante, al cine, a pasear... ¡¿se creen que soy un tonto!?" Felizmente, fue esa pregunta que lo sorprendió a él mismo, lo puso a hablar, pensar y trabajar sobre por qué le pasaba, las cosas que lo angustiaban, sus miedos, y esto le permitió orientarse mejor, con ayuda del psicoanalista, en cuanto a cómo responder a los avatares que la vida le planteaba.

Este ejemplo sencillo me parece muy rico, porque muestra muy bien lo que llamamos una falsa opción. El niño llegó medicado con estimulantes al psicoanalista. Esto no impidió ni mucho menos iniciar una serie de entrevistas con él y con los padres. El trabajo analítico lo hizo más partícipe de sus dificultades y del tratamiento médico mientras fuese necesario. Eso es tomar al niño como alguien con pleno derecho. No como alguien que sólo recibe pasivamente un tratamiento que es igual para todos según lo preestablecido, sino alguien que toma parte de su cura y puede hablar sobre ello en determinado momento. Si esto no tiene lugar, como dice el neuropediatra Jaime Tallis: "La medicación [sola] desresponsabiliza", y se esperan soluciones mágicas a partir de moléculas químicas.

¿Qué nos están diciendo cuando nos informan que nuestro hijo tiene TDAH?

Nota breve sobre la atención: debemos saber que si un niño no atiende como se espera de él los aprendizajes escolares, eso no es sinónimo obligatoriamente de déficit de atención. A menos que a "déficit de atención" le agreguemos "escolar". Porque un niño puede ser desatento en la escuela y estar muy, pero muy atento a otras cosas según su edad y sus circunstancias. Puede estar muy atento a situaciones dolorosas en su vida, a sus intereses, al despertar sexual de la pubertad, etcétera. Como cuando uno tiene dolor de muelas, ¿a qué otra cosa podemos atender en ese momento? ¿No estamos reducidos a ese dolor? ¿Tenemos TDAH por ello? ¿Cuántos niños diagnosticados con TDAH serán reducidos al agujerito de su propio dolor, más allá de los estándares de rendimiento a los que están sometidos? ¿Imposible?, ¿qué es eso? El lugar que tiene hoy el dolor y lo que no anda.

Ya que hablamos de dolor... ¿Cuál es hoy la primera respuesta ante él? "Que desaparezca, que se vaya, que no exista, no me gusta, no lo quiero, ¡fuera!" Como si todo resultara posible. Nuestro estilo de vida se lleva muy mal con lo que es doloroso. No nos referimos al dolor físico, sino a lo que nos es doloroso porque no responde a nuestras expectativas y nuestros deseos. Como si hubiera una exigencia del tipo "así lo deseo, así debe ser", y esto tanto en los hijos como en los padres. Es que la hay. Los efectos nefastos de la vida bajo esa presión nos llega todos los días a los consultorios. Ya sea porque unos padres no soportan que su hijo no sea lo que sus ideales mandan o porque a un niño le es negado el acceso a todo lo que desea.

Algunas cuestiones que hay que conocer

Sobre la historia

Para tener un panorama del terreno que pisamos cuando a un hijo le diagnostican TDAH, hay algunas cosas que conviene conocer. Por ejemplo, que no se trata de un cuadro nuevo y desconocido hasta nuestros días. Para nada. Estamos acostumbrados a creer que los mitos son cosas de la Antigüedad, pero conviene saber que nuestras modernas sociedades también tienen los suyos y el TDAH como una entidad nueva es uno de ellos.

Entre las primeras descripciones de la hiperactividad, encontramos las que surgieron a finales del siglo XIX en Francia y principios del XX en Alemania. Este dato muestra dos cosas: ¡El TDAH existe! Es un mal real, y no se trata de un descubrimiento nuevo; es sólo un nombre nuevo para un malestar viejo.

Sobre la causa

Hay muchas causas evocadas a la hora de explicar por qué un niño tiene TDAH: genéticas, metabólicas, tóxicas, ambientales, relacionales o emocionales, psiquiátricas... ¿Qué quiere decir esta multiplicidad de causas convocadas? ¿Qué indica el sentido común? ¡Que nadie lo sabe! ¡Sí!, nadie lo sabe. Cuando se apela a semejante variedad de causas... simplemente es que no se sabe.

No confundir ciencia con estadísticas

Nuestra época peca de erigir en verdades absolutas, de corte científico, a meras suposiciones deducidas de estadísticas de dudoso valor práctico. La famosa medicina basada en la evidencia (EBM, por sus siglas en inglés), es en verdad una contabilidad de trabajos estadísticos que surgen de pruebas de ensayo y error con pacientes, medicamentos y placebos.

El sitio *web* del National Institute of Mental Health (www.nimh.nih.gov), en Estados Unidos, en su apartado sobre "Salud mental" tiene múltiples entradas a trabajos de investigación y guías para padres. Los invito a "hojear" algunas de ellas. Es muy interesante constatar que los trabajos científicos del organismo público más reconocido de ese país constantemente utilizan términos como: "Parece ser...", "Todo parece indicar...", "Hay fuertes indicios de que…", "Posiblemente…" y otros por el estilo, cuando se trata de definir la causa y la eficacia de los tratamientos del TDAH.

Por otro lado, en todos ellos se asegura que los medicamentos no curan el TDAH, sino que mejoran sus manifestaciones, a veces más, a veces menos, y que siempre hay efectos indeseables. Es decir, NO SE SABE con certeza. O mejor dicho, ese saber que esperamos ansiosos y que suponemos que nos tranquilizará y nos dará la clave de la solución, simplemente NO EXISTE. Éste es un hueso duro de roer, pero más vale dejar de creer en las soluciones mágicas y saber que cada tratamiento, si bien comparte cosas con otros, es único, a medida para cada niño o adolescente, e intransferible.

También es de llamar la atención que todos los estudios que se proponen para arribar a un diagnóstico constan de interrogatorios, observaciones, análisis, imágenes cerebrales, pero… ¡en ninguno se plantea escuchar al niño! ¡Ni a los padres! Y si se hace, sólo es para que describan conductas o para transmitirles cómo intentar modificarlas. Aunque no sea dicho, es evidente que estos abordajes parten de la idea de que el que sufre no tiene nada para decir, salvo describir algunas conductas y responder cuestionarios. No toman en cuenta lo que el niño o adolescente siente, piensa, fantasea, teme, odia, ama y desea. Ante eso: ¡Shh! Silencio.

Sobre la interpretación del hecho TDAH

Hay un hecho en nuestra realidad: muchos niños son diagnosticados como TDAH a partir de problemas en la atención, en las relaciones con los otros, por ser muy inquietos o impulsivos. Eso es indiscutible. La cuestión es cómo se interpreta eso, qué significación se le da.

En este sentido, ocurren cosas que deben llamar nuestra atención. Por ejemplo, recientemente, Allen Frances, hasta hace poco director del Manual Diagnóstico Estadístico (DSM, son sus siglas en inglés)[15] hasta su cuarta versión, ha declarado que detrás de ciertas cifras muy preocupantes (como que en 2010 4% de los niños en la Unión Americana estaba medicado con estimulantes del sistema nervioso central), se encuentra la presión de la industria farmacéutica.

Tanto número y resulta que puede confundirse con el trastorno de espectro autista. Como ven, una maquinaria infernal para lograr certeza diagnóstica cero. Sus autores dijeron que es un manual "ateórico", es decir, que es puramente objetivo y que no sigue ninguna teoría sobre las causas y los tratamientos de los trastornos mentales. Que un manual sea ateórico es imposible. Nos remitimos ahora a la idea de Ian Hacking: lo que se cuenta sobre algo, depende de la teoría que se tenga sobre ese algo. Es decir, que cuando se plantea una situación, como puede ser los problemas en un niño, siempre se hace desde alguna idea previa acerca de cómo debe ser un niño.

---

[15] El DSM —Manual Diagnóstico Estadístico— es el catálogo de los llamados trastornos de salud mental. Allí se hallan los nombres de cada trastorno asociado a un código hecho de números y letras. Por ejemplo, el TDAH se encuentra como trastorno por déficit de atención con hiperactividad, con predominio déficit de atención, hiperactividad o impulsividad. Su código: 314.00 o 314.01 y sus variaciones F90.0, 90.1, 90.2, 90.8 y 90.9.

Ahora bien, más allá de las inconsistencias que tiene este manual nos encontramos con que uno de sus mentores, el principal, confiesa que algunos datos son el resultado de una fuerte presión de la industria farmacéutica. El profesor Szasz llamaba a esto "farmacracia". Así como la democracia es "el gobierno del pueblo", la teocracia "el gobierno de un culto religioso" y la meritocracia "el gobierno de los mejores", la *farmacracia* es el gobierno del poder de la industria farmacéutica.

Más allá de la exactitud de los datos, siendo quien es el que lo afirma, defensor incansable de la transformación de los problemas de la vida en trastornos mentales y los tratamientos medicamentosos, lo menos que estas declaraciones producen es la idea de que en el mundillo psiquiátrico-farmacéutico pasan cosas raras. Recordemos que no hay que entrar en la falsa opción medicamentos-tratamientos por la palabra, como el psicoanálisis, pero sí que, como dice el pensador italiano Giorgio Agamben, hay puntos oscuros en la luminosidad de nuestro tiempo. Entonces, no todo lo que brilla es oro, no todo es puro éxito y magia medicamentosa. No hay ninguna garantía de que eso sea así.

Nosotros los padres y el lenguaje de los profesionales

Poner a un hijo en manos del médico o de otro profesional de la salud siempre es una situación estresante. De las que más. Si se trata de un problema que es claramente físico, nos preocupa si es grave, si tiene cura y si duele o trae otro tipo de sufrimiento o alguna discapacidad que lo limite en sus posibilidades. Si no es con claridad un problema físico, a lo anterior se puede agregar un verdadero calvario de dudas, preguntas e incertidumbres.

¿Cuál es la causa de lo que le pasa? ¿Es genético? ¿Nosotros los padres tenemos algo que ver en eso? ¿Somos culpables o responsables? ¿Quién sabe de esto? ¿A qué tipo de profesional debemos recurrir? ¿Cómo lo podemos ayudar?

Por eso es muy importante tener algunas ideas acerca de lo que puede salir de boca de los médicos. De los mejores y con las mejores intenciones. Como todos saben, cada profesión tiene su propio lenguaje: con más o menos tecnicismos, distintas orientaciones, escuelas de formación, se conforman modos de hablar y de explicar lo que pasa con el niño por el que se consulta. Esto hace que aun cuando tengamos enfrente al mejor profesional, hay una dificultad muy difícil de sortear entre ellos y nosotros los padres.

Nosotros, los padres. No importa a qué se dedique la madre o el padre de un niño que —de golpe— se vuelve portador de un diagnóstico. Puede ser médico, psicólogo, farmacólogo, especialista en lo que sea que, en el momento de la consulta por su hijo, está sólo a título de madre o padre. Y ni qué hablar si se trata de un problema serio. Uno puede volverse más sordo. De "lo que está bien o mal" a "lo que es normal o patológico": un viaje a toda velocidad.

De las respuestas y soluciones a los tratamientos y las correcciones

En el fondo, estas dos visiones de los cambios en la vida de los niños tiene cada una su propio lenguaje. Podríamos decir el lenguaje de los problemas y las soluciones y el lenguaje de las enfermedades y las curaciones. Siempre hay alguien más, entre aquel al que confiamos a nuestros hijos y nosotros: ese alguien más, ese elemento tercero entre él y nosotros, es el lenguaje que habla el profesional.

Cuando a nuestro hijo le duele la parte de abajo a la derecha de la panza (barriga) —o sea, la fosa ilíaca derecha—, si el médico lo palpa y encuentra dolor a la descompresión (cuando deja de apretar), siente dolor al caminar, tiene fiebre y el laboratorio informa sobre un gran aumento de los glóbulos blancos, no hay duda: nuestro hijo tiene apendicitis. Tampoco hay duda en cuanto al tratamiento, ni al pronóstico. El primero consiste en la cirugía que se llama *apendicectomía*, porque se extrae el apéndice que se ubica al inicio del intestino grueso inflamado. El segundo, si no hay complicaciones en la cirugía —lo cual es muy poco frecuente— es de restitución total en pocos días.

Pero cuando se trata de un problema en la conducta, en los aprendizajes o en el estado de ánimo, si no se verifica una intoxicación, un trastorno hormonal directamente relacionado con el problema por el que se consulta, un accidente previo con afectación del sistema nervioso central o una enfermedad neurológica, entramos en un terreno en donde no reina ninguna certeza ni acerca de la causas ni de los tratamientos. Aquí, en esta zona de incertidumbre, es donde el lenguaje que se habla en las consultas cobra todo su peso. Es lo que podemos llamar el peso semántico de un diagnóstico, es decir, el nombre que se le pone a una situación determina la idea que tengamos sobre lo que ocurre y las conductas a seguir.

Hay, y ha habido históricamente, distintos nombres para el conjunto de situaciones que hoy quedan englobadas bajo la denominación ADHD, algunos con más resonancias médicas que otros:

Mala conducta, Impulsividad, Niño travieso/ inquieto/ malo, Angustia, Disfunción cerebral mínima, Hiperactividad, Déficit de atención, TDAH. Entre estos distintos nombres de más o menos lo mismo —niño que no atiende en los aprendizajes o problemas de conducta, más o menos impulsivo o muy movedizo— se dibuja una pendiente que va desde consideraciones de un orden más moral (malo/ bueno, inquieto/tranquilo) y subjetivo (angustiado), a otro orden más medicalizado (*Disfunción cerebral mínima, Hiperactividad, Déficit de atención, TDAH*).

Este cambio en la manera de nombrar va de la mano de una observación muy notable (al menos en Argentina): hasta los años ochenta del siglo pasado los niños que presentaban problemas escolares, ya sea de aprendizaje o de conducta, eran canalizados al psicólogo, psicoanalista o psicopedagogo. A partir de entonces se comenzó a recurrir cada vez más al neurólogo.

¿Qué ocurrió?

Hubo un cambio en el lenguaje que se usa predominantemente para referirse al mal real en cuestión. Lo que cambió fue la envoltura de esa dura semilla de la que hablábamos. Pasamos a usar el lenguaje de la ciencia, especialmente el que reduce todo malestar a lo biológico.

¿Qué consecuencias tiene el uso de este lenguaje basado en lo que dicen los trabajos científicos? ¿Me permiten aquí un pequeño paréntesis? No he dicho "el lenguaje basado en los trabajos científicos", sino "el lenguaje basado en *lo que dicen* los trabajos científicos". Ese pequeño matiz es muy importante. Voy a poner un ejemplo. ¿Es mentira que la biología es muy importante? NO. ¿Es verdad que se trata sólo de la biología? ¡NO!

Entonces, hay trabajos científicos que muestran la participación de la biología en cuestiones de conducta y aprendizajes que se relacionan con el TDAH, pero que dicen que todo se reduce a lo biológico. He aquí una de las llamadas por nosotros *falsas opciones*.

Sí, en algunos casos existe un componente biológico del TDAH. Pero el mal real no se reduce a eso. El hecho de que las derivaciones vayan en su mayoría hacia el campo de la neurología y no de la pedagogía o la psicología o el psicoanálisis, indica la tendencia actual a reducir todo a la biología. Error. He aquí algunas de esas sombras en la luminosidad que la ciencia pretende para todos sus postulados.

Las respuestas actuales

Evidentemente, hay tantas respuestas al ADHD como teorías tengamos sobre el mismo, siguiendo la idea de Hacking antes referida. Si bien no es lo mismo la respuesta del psicoanálisis que la de la psiquiatría o de la psicología cognitivo conductual, nos interesa resaltar que cada una de ellas tiene su pertinencia y su especificidad, pudiendo ayudar en distintos aspectos del tratamiento.

Veamos qué ofrece cada una.

La psiquiatría actual, cada vez más del lado de la biología y de la quimicalización de la misma, nos ofrece moléculas a ingerir, de las que se esperan efectos de tranquilización a nivel de la conducta, control de las impulsiones y mejora de la atención.

La oferta psiquiátrica

Más allá de cualquier consideración sobre el manejo del diagnóstico TDAH en la actualidad, indiscutiblemente hay momentos en los que algunos niños deben ser medicados porque no existe otra vía de amortiguar sus síntomas. La psiquiatría nos ofrece eso: atemperar síntomas. No está mal. Sólo que se debe realizar una ecuación costo-beneficio, entre la mejoría esperada y los riesgos asumidos, entre los que están la desresponsabilización que ya mencionamos, las reacciones del organismo (efectos paradojales de la conducta, intoxicación, problemas metabólicos) y la adicción, que aparece como riesgo posible en adolescentes y adultos que fueron medicados por largos periodos en la infancia.

Concluimos: hay casos en los que la medicación es indispensable, otros en los que puede ayudar porque al atemperar los síntomas el niño es más permeable a los tratamientos por la palabra. Al estar más tranquilo, puede oír lo que se le dice, pensarlo, buscar una respuesta o externar una buena pregunta, recordar un sueño o asociar dos acontecimientos importantes en su vida, o pensamientos. En síntesis, con el cuerpo más calmo sin ser objeto del movimiento constante o de las impulsiones, el niño es más proclive a la conversación y a relacionarse hablando con el maestro, el médico o el terapeuta. Pero no podemos dejar de lado las sospechas, las sombras, que caen sobre la industria farmacéutica, protagonista en este tipo de abordaje, cuando se descubren millonarios aportes de dicha industria a asociaciones de padres con niños que padecen TDAH, o cuando se conocen las inversiones en publicidad de las mismas.

Las terapias cognitivo conductuales, una corriente dentro de los tratamientos psicológicos, ofrece adaptar la conducta a lo social, porque parte de la hipótesis de que se trata de alteraciones en la adquisición de conductas y capacidades resolutivas. Este abordaje requiere entender al niño como alguien que no ha aprendido bien o cuyo cerebro tiene alguna falla en sus capacidades. ¿Quién podría negar eso con la misma certeza con la que los partidarios de las TCC (terapias cognitivo conductuales) lo afirman?

Pero lo que es seguro es que ningún aprendizaje ni hábito inducido es eficaz, si no se refiere a alguien que lo haga suyo y que no lo tome como una mera repetición. Es el riesgo de estos tratamientos obtener respuestas estilo autómata, mecánicas. Un niño que saluda al adulto se queda quieto si no lo autorizan a moverse, habla lo mínimo necesario, pero se desboca y se desata en cuanto cede el control sobre él.

En realidad, ningún tratamiento es eficaz si hay alguien allí que "con pleno derecho", como decíamos, se asuma como el portador de un síntoma, lo que significa "algo que no anda como lo esperamos".

La respuesta del psicoanálisis

La posición del psicoanalista ante un caso de TDAH, si bien puede ser compatible con apoyos de otro tipo, es distinta. Para el psicoanalista sólo hay el TDAH de Juanita, Alicia,

Albertito o Walter. No hay dos TDAH iguales por la sencilla razón de que no hay dos niños iguales, ni dos familias
iguales. Toma al niño uno por uno en su singularidad, es
fundamental lo que él y sus padres tengan que decir.

Es una gran mentira, malintencionada además, la idea
de que el psicoanálisis culpabiliza a los padres por lo que
ocurre a los hijos. En los casos de TDAH y otros problemas
en la infancia-adolescencia, los padres son tan víctimas
como sus hijos. Pero también son tan responsables como
ellos por la manera de responder a la dificultad. Una cosa
es esperar que una supuesta ciencia que tiene respuesta
para todo se haga cargo y otra muy distinta y más prome-
tedora es que los padres levanten la mano para responder:
"Acá estamos, ésta es nuestra historia, los problemas de
nuestro hijo quizá se relacionen con tal cosa, o lo notamos
a partir de…", "¿Qué conviene hacer?", y que el niño se
pregunte: "¿Qué es esto que me pasa? ¿Cuál será la parte
que me toca?¿Qué puedo hacer?"

Por eso el psicoanálisis, que es una práctica para vivir
mejor, no se opone a las otras, sino que se ubica en otra
orilla. Encontrarse con un psicoanalista es la posibilidad
de inventar otra respuesta a las dificultades que la vida
nos plantea. Pensémoslo así: cada uno tuvo que inventar
un "truco" para arreglárselas en el mundo. Ese truco es
nuestro estilo, nuestras habilidades, pero también incluye
nuestras dificultades, inhibiciones, lo que llamamos nuestros síntomas, que es lo que no funciona y no nos sirve.

El psicoanálisis, a diferencia de otras prácticas, no se
propone desaparecer los síntomas —el TDAH es un conjunto de ellos— porque sabe que son parte del truco,
necesario para la vida. Al síntoma no hay que pretender

desaparecerlo, sino transformarlo para producir un nuevo "truco", que haga padecer menos y permita disfrutar la vida. Otra relación con el dolor y con el saber. Para ello es necesario pasar por el dolor de que algo falla, el dolor de que no todo es posible. La manera de transitar por allí es la conversación en donde el respeto por el dolor del otro no implique la maniobra de quererlo desaparecer sin extraer nada de ahí. El malestar no es sólo el producto de lo que no anda bien sino que al contrario, es una brújula para orientarnos en el mundo irreproducible de cada uno: señala el punto débil de cada cual.

En este sentido, el psicoanalista es una especie de guía pero que en lugar de ofrecer productos de la técnica como los medicamentos o las computadoras, es un conductor que va siguiendo al niño para descubrir cuáles son sus campos de interés y de preocupación que, la mayoría de las veces, no coinciden con las preocupaciones de los adultos centradas en la eficacia escolar.

Si podemos descubrir el truco que el niño se ha inventado, como todos nos lo inventamos para construir nuestra realidad, y cuáles son sus campos de interés, podremos ayudarlo —a partir de allí— a ensanchar sus posibilidades en el mundo. Los tratamientos psicoanalíticos permiten conocer mejor nuestros puntos débiles para hacer de ellos nuestros apoyos más firmes a la hora de enfrentar los desafíos. Por eso el psicoanálisis puede parecer anticuado a los ojos de los fanáticos de la ciencia y sus promesas, porque su relación con lo doloroso es otra. Se trata de hacer algo con eso, no de hacerlo desaparecer del mapa.

Pero, como dijimos antes, el antiguo es el que sabe reconocer los puntos oscuros en lo que pretende ser pura luz y a veces se queda en fuego de artificio. El psicoanálisis nos lleva a otra relación con el saber que incluye el conocimiento sobre nuestros puntos débiles para sacar de allí nuestros propios recursos. Eso no se puede introducir en ninguna estadística, como comprenderán.

Si hay un psicoanalista a la mano, vale la pena el esfuerzo de optar por la experiencia.

¿Se deprimen los niños?

LIZBETH PONCE

No es poco frecuente que los adultos se pregunten si los niños pueden padecer ansiedad, depresión o problemas emocionales más graves; tampoco lo es que se responda que no es posible que los padezcan. Pareciera que la etapa infantil los excluyera de sufrir desde el punto de vista psíquico y que esto fuera exclusivo de los adultos. Planteado así, en la infancia no podría haber sentimientos de tristeza, de culpabilidad, desesperanza… Sabemos que no es así. Todos, niños y adultos, hemos experimentado la tristeza ante una pérdida, un fracaso, un cambio: es lo que llamamos *duelo*, una reacción habitual y esperada ante estas situaciones. Es, pues, trabajo del especialista diferenciarlo de un cuadro depresivo si sus manifestaciones son muy intensas o se mantienen en el tiempo.

El diagnóstico de depresión en la infancia ha sido un tema de discusión a lo largo de la historia. Hubo una época en que la salud mental infantil no era tomada en cuenta, y no fue sino hasta el siglo XIX cuando surgió un interés diagnóstico y terapéutico hacia los niños.

Al iniciarse, aparecen diversas teorías que dificultan que se pueda realizar un diagnóstico de depresión infantil.

Algunos autores planteaban que un cuadro similar a la depresión se podía presentar durante el proceso normal del desarrollo sin tener consecuencias y cediendo con el paso del tiempo, por lo cual no podría hablarse de una enfermedad, ya que la estructura psíquica de los niños no permitía el desarrollo de un cuadro de depresión. Se concebía también que no debía hacerse un diagnóstico de este tipo desde los mismos criterios para adultos debido a las características particulares de este periodo de la vida, así como también se hablaba de la necesidad de diferenciar la tristeza y el duelo habitual de un cuadro depresivo.

La teoría de "la depresión enmascarada" (1972) supuso un avance en el reconocimiento de la depresión infantil. La observación de un estado de ánimo irritable o depresivo en numerosos problemas propios de la infancia y de la adolescencia, como dificultades en el aprendizaje escolar, hiperactividad, conducta antisocial, ansiedad de separación, anorexia nerviosa o rechazo escolar llevaron a pensar que la depresión era un trastorno latente que se manifestaba de diferentes formas.

En la actualidad hay un consenso en la comunidad especializada en el área de salud mental, en el sentido de que la depresión puede existir en la infancia y en la adolescencia.

Desde la psiquiatría, actualmente existen varias clasificaciones internacionales. Las más utilizadas son la Clasificación Internacional de Enfermedades (CIE) en su décima versión y el Diagnostic Stadistic Manual (DSM) en su quinta versión, utilizándose ésta para adultos y para niños con algunas leves variaciones. Ninguno de esos dos sistemas da cuenta de las causas de los trastornos a los que se refieren, ni de las hipótesis teóricas que los sostienen; se basan en la observación de la conducta del niño, agrupando los síntomas en "trastornos", considerando como causa posibles conexiones biológicas. Asimismo se realizan entrevistas con los padres y los maestros, y se llenan las encuestas con el fin de obtener los criterios ya preestablecidos para el diagnóstico.

Estas clasificaciones derivan en tratamientos farmacológicos y/o terapias cognitivo conductuales, porque al desatender las emociones, el contexto y la historia del niño, dejan de lado las opciones psicoterapéuticas y se enfocan solamente en eliminar los síntomas y la conducta que molestan al entorno.

Según la Organización Mundial de la Salud (OMS), entre 4 y 6% de la población infantil ha desarrollado algún grado de depresión. De acuerdo con el Instituto Nacional de Estadística y Geografía (INEGI), en México dos millones de niños y adolescentes padecen depresión infantil. En los últimos 20 años se duplicó el número de suicidios entre niños y adolescentes al pasar de 1.4 a 3.7 por cada 100 000 habitantes (siendo más frecuente entre los adolescentes), y en 2006 el suicidio constituyó la tercera causa de muerte infantil.

La depresión dependerá de la fase del desarrollo en que se manifieste. En general podríamos hablar de que en niños de dos a tres años de edad se presenta con trastornos en el sueño, el apetito y la aparición de miedos; en niños mayores pueden presentarse ansiedad, episodios de llanto fácil, expresiones de tristeza, soledad, indefensión, irritabilidad, sentimientos de inutilidad, fealdad, incapacidad, culpabilidad, deseos de huir de casa, disminución en la atención, intranquilidad, comportamiento agresivo, agitación, insomnio, hipersomnia, fobias, conductas regresivas como volver a orinarse de noche, "chuparse el dedo", modificaciones en el rendimiento escolar, retraimiento social, cambios de actitud en la escuela, quejas de malestar físico (gastrointestinales, respiratorias o neurológicas como dolor de cabeza), pérdida de la energía habitual, modificación en el apetito y en el peso, disminución en el interés de jugar o realizar actividades placenteras habituales, ideas sobre la muerte y, en los casos más graves, ideas o intento de suicidio.

Como se puede ver, los síntomas son un abanico muy amplio y variado, y fácilmente pueden confundirse con otras patologías, por lo que es de suma importancia que el diagnóstico sea realizado por especialistas.

Existen diversas maneras de considerar al tratamiento de depresión infantil, y esto depende desde dónde se aborde: si la consideramos exclusivamente un trastorno en el equilibrio de los neurotransmisores cerebrales sobre una base genética, se acudirá de manera exclusiva a medicar al niño; si se plantea como resultado de dificultades emocionales para manejar situaciones y eventos particulares, el abordaje será otro, sin excluir la ayuda farmacológica si se hace necesaria para aliviar el sufrimiento del niño.

Hay muchas experiencias o acontecimientos que pueden ser difíciles de manejar para un niño: fracaso escolar, problemas de lazo con los padres o los compañeros, un conflicto familiar, el divorcio de los progenitores, mudanzas, maltrato escolar, violencia en casa, abandono, abuso sexual... Pero es importantísimo señalar que la vivencia es particular: lo que podría resultar traumático para un niño no necesariamente lo es para otro. Es muy común pensar que la pérdida de un ser querido podría desencadenar, más allá de la tristeza, un cuadro depresivo, pero no siempre debe ser así, dependiendo del niño podría ser más traumático mudarse de casa o colegio. Podemos cometer un grave error al generalizar, así como podríamos errar al pensar que la única causa de un cuadro depresivo sería un problema de neurotransmisores o de herencia.

Tratamiento-abordaje

La época en que vivimos nos impulsa a dar soluciones rápidas a lo que salga de la norma o de lo común. El niño no se salva de esto. La rutina que llevamos intentando satisfacer las "necesidades" económicas que siempre van en aumento, al igual que las actividades laborales para cubrirlas, nos complican la vida de tal manera que en lo que respecta al niño terminamos buscándole horarios y actividades extracurriculares que pueden gustarle o no, lo importante es que las hagan "porque les convienen", "porque no hay quién los atienda", "porque tenemos cosas que hacer", "porque todos los niños de su escuela lo hacen", y, así, en este ritmo, cualquier evento que salga de la rutina apresurada que llevamos debe ser resuelto de inmediato. Es común observar en los colegios cuando un niño se muestra más activo que los demás, que soliciten su evaluación y un tratamiento farmacológico porque *debe ser* como "todos los demás", lo más "pronto posible", sin dar una pausa y preguntarse la razón de esta conducta. En tales casos los sistemas clasificatorios que nos proporciona la ciencia tratan de agrupar síntomas en un "para todos", obviando las particularidades, lo singular de cada quien y por ende lo que el niño pueda poner en palabras sobre lo que le pasa.

Para ejemplificar un poco lo complicado y delicado que puede ser esta situación del diagnóstico en la infancia siguiendo los criterios clasificatorios, veamos el siguiente caso.

Sandra

Ella tiene 13 años, es la mayor de dos hijos de una pareja sólida, aparentemente sin problemas. Ha sido atendida por una psicóloga debido a problemas con sus compañeros de escuela y un disgusto con su cuerpo. Durante este tratamiento la madre se ha dado cuenta de que Sandra se hace cortes en los brazos. Esta situación propicia que la psicóloga me la remita para decidir si requiere medicación.

En la entrevista, los padres se muestran muy angustiados. Siempre han estado muy pendientes de ella y aun así no se percataron de lo que le pasaba, razón por la cual se sienten muy culpables. Lo único que piden a Sandra es que estudie. No entienden su malestar. Refieren que es una excelente hija, hermana y estudiante; no hay quejas de ella en el colegio ni de sus amigos. Añaden que está menos sociable, no sale con sus amigos, tiene dificultad para dormir, no tiene apetito, está irritable, presenta episodios de llanto en los que dice que no sirve para nada, nadie la quiere, no hace las cosas bien y no es buena hija.

De inicio podríamos decir que hay criterios para diagnosticarle un cuadro depresivo y medicarla, si sólo nos quedamos con esta información de los padres.

Al entrevistar a Sandra y escucharla, ella me relata que se siente mal desde hace dos años cuando su cuerpo empezó a cambiar después de su primera menstruación. Lo detesta, no se parece a sus compañeras de colegio (es de hacer notar que Sandra físicamente está muy desarrollada para su edad en cuanto a los caracteres femeninos se refiere). Esta preocupación la ha llevado a hacer dietas y ejercicios cuyos resultados no terminan de satisfacerla. Simultáneamente sus compañeros varones muestran más interés por ella, lo cual le incomoda pero a la vez le llama la atención, aunque despierte en sus compañeras críticas y burlas. No entiende lo que pasa y se siente enojada y triste por el alejamiento de su mejor amiga y los insultos de las otras compañeras que la llaman "puta".

Para Sandra lo que piensen sus padres de ella es muy importante, continúa estudiando y cumple sus "obligaciones" de estudiante y de hija ejemplar en una familia muy unida, siempre intentando llegar a los niveles más altos. Cualquier situación que pueda entorpecer lo anterior la angustia; cree correr el riesgo de que la dejen de querer y estar orgullosos de ella.

Intentar cumplir con los ideales que ella supone que le piden los padres y sus compañeros la coloca en una posición muy difícil de manejar, de lo cual afirma: "Cada vez que me pasa algo con mis papás o con mi amiga me siento tan mal que me escondo y me corto en los brazos; eso me calma, prefiero sentir ese dolor". A esto añade algo que tendría que ver con la manera en que usualmente maneja sus dificultades desde el punto de vista emocional: "Pienso mucho, cada cosa que pasa la pienso y la conecto con muchas otras para entenderlo y así calmarme".

Pero en este momento no le funciona y pierde el sueño, el apetito y la tranquilidad tratando de entender y lesionándose, así como también pensando que la solución a su malestar sería morir. Lo intentó en una oportunidad sin que nadie se enterara.

Es importante señalar que en la segunda entrevista, Sandra pide que la siga atendiendo porque "la otra psicóloga hablaba mucho y ella no podía hablar". Con esto recalco la importancia de la escucha al que sufre, sea niño o adulto, más allá de la evaluación de los criterios de una patología descrita por una clasificación donde no hay particularidades, que deja al que sufre en silencio.

Sandra sí recibió medicación, con su consentimiento y el de sus padres, para dormir mejor, alimentarse y permanecer más tranquila sin hacerse más daño. La introducción y administración de los psicofármacos deben ser parte del tratamiento en la medida que disminuyan el sufrimiento y ayuden al paciente niño a desplegar sus quejas, no a enmudecerlas. El abordaje y tratamiento de la razón de su malestar tomará más tiempo, será más efectivo y duradero mientras ella pueda establecer una relación de confianza con el terapeuta, y así desplegar no sólo sus quejas sino su participación y lugar en el mantenimiento de ese malestar. Aceptar su cuerpo de no niña, las consecuencias que le acarrea este cambio, qué hacer con su sexualidad, su dificultad a renunciar a su posición de hija, hermana, amiga, estudiante ideal y perfecta, que le trae el beneficio de ser admirada, respetada, halagada a un muy alto precio; es decir, renunciando a ser quien realmente es al dejarse consumir por lo que cree que esperan de ella.

Existe un mismo tratamiento para los síntomas como el insomnio, la falta de apetito y la intranquilidad, por ejemplo, pero no hay un mismo tratamiento para la la vivencia exclusiva de cada quien, las expectativas y los deseos de cada uno, eso es único.

La depresión no es un cuadro que aparece voluntariamente, por lo tanto no se le puede exigir al niño o al adolescente que "haga un esfuerzo y se mejore", que "ponga de su parte", o criticarlo diciéndole cosas como "eres un manipulador", "lo que pasa es que eres un flojo". Estas actitudes en muchas ocasiones son debidas a la angustia de los padres al no saber qué hacer con el malestar de su hijo con una intención de ayudarlo a que reaccione, a que se sienta mejor. Ante la presencia de estos síntomas se debe acudir a un especialista, quien podrá dar un espacio al niño para elaborar ese sufrimiento, así como también podrá ayudar a los padres a manejar la situación de la mejor manera.

Educación y autismo

IVÁN RUIZ

¿El autismo se cura con educación?

¿Qué contiene esta pregunta que por un lado crea falsas esperanzas y por el otro efectos verdaderamente devastadores? Podemos decir que es precisamente la asociación de los dos términos que figuran en la pregunta, educación y cura, lo que genera una paradoja que conviene explicar.

¿Curar el autismo?

Por un lado, la cura. El autismo no se cura, pues tampoco es una enfermedad. Sin embargo, la patologización del autismo ha conseguido elevar un conjunto de síntomas a la categoría de trastorno. Pero el hecho de que no puedan vincularse a una causa orgánica precisa, el estatuto de enfermedad se le resiste. Esto no impide, por supuesto, que sobre el trastorno autista se carguen todo tipo de las así denominadas discapacidades. Hay un consenso profesional para establecer algunas dificultades como determinantes en el diagnóstico y para que todo lo demás, presente en cada uno de las personas diagnosticadas, se considere como anecdótico debido a la imposibilidad de ser evaluado. La aplicación de test diagnósticos puede muy bien medir qué cantidad de palabras de dos o tres sílabas pronuncia un niño a una determinada edad, pero no puede medir, por ejemplo, qué tipo de satisfacción es la que le procura decir cada una de ellas. A la vez, los test consensuados para el diagnóstico del autismo se topan con un problema fundamental, y es que la persona con autismo no tiene ningún interés alguno en responder a la demanda del adulto para evaluarla. Los resultados que se obtienen no muestran entonces una medida precisa de las capacidades de la persona, llegando incluso a determinar porcentajes de retraso mental. Se puede constatar hoy que la proliferación de pruebas psicométricas para la evaluación de las capacidades cognitivas de los llamados "autistas" incrementa cada vez más el diagnóstico de retraso mental en el autismo. Se acentúa así la vertiente del déficit del niño en el niño autista, con la etiqueta de retraso mental.

Quienes se encuentran en esta situación se ven empujados con frecuencia al criterio de algunos profesionales, que consideran que un retraso mental asociado a un autismo es una condena de por vida para ese ser humano. No es, por tanto, en estos casos en los que se plantea la educación como medio de curación del autismo. La propuesta de curación para el autismo se da, más bien, en aquéllos en los que el niño responde de algún modo a la demanda del adulto, aunque esa respuesta sea la oposición a ser educado. ¿Cómo puede un chico oponerse a la educación? Los maestros y los padres lo saben bien: no interesándose por la propuesta del adulto, diciendo directamente que no a sus demandas, resistiéndose con angustia a los pedidos que implican un "aprende".

Para el cognitivismo actual, la curación del autismo se plantea desde el ideal de normalidad. Adecuarse al entorno, adaptar las conductas de la persona a la demanda del otro, ésta es la salud mental que, consideran, le conviene al autista. Así, la tiranía de la normalidad se apodera primero de los autistas —aquellos que se sitúan lo más lejos posible de ese ideal— para después calar en el resto de individuos. Conviene decir que las terapias cognitivo-conductuales (TCC), por ejemplo el método TEACCH o el método ABA, que se aplican hoy al tratamiento del autismo, se alimentan de la misma exigencia que los métodos de evaluación de personal en las empresas o que los test de prevención de reincidencia criminal, por ejemplo. Es la concepción del ser humano la que cambia. Es el ciudadano calculado y previsible el que centra las políticas de las burocracias sanitarias. ¿Por qué entonces tanta insistencia en una curación para el autista? Porque si finalmente es posible normalizar al autista, para las TCC también lo será normalizar a cualquiera de nosotros.

¿Educar el autismo?

La educación, entonces. El ideal educativo ha llegado al tratamiento del autismo para quedarse. Cuanto mayor es la intención del adulto de educar, el autista más se opone a ello, y más el adulto considera que conviene aumentar las medidas educativas. Por supuesto, todo niño necesita de otro que se ocupe de su educación. De los padres, se espera de entrada que cumplan esa función para su hijo. Pero plantear lo educativo como método para tratar el rechazo del niño a lo educativo, precisamente, lleva en efecto a lo peor. ¿Qué es, por cierto, lo peor? O bien plegarse a las exigencias del otro desde una docilidad extrema, o bien oponerse de manera violenta a él para sacárselo de encima.[16]

Esto es lo que encontramos cada vez más en algunos contextos educativos en los momentos en que estalla la agresividad del niño, o bien hacia los otros o bien hacia él mismo. Para los psicoanalistas, toda manifestación de la agresividad en una persona debe interpretarse primero a partir de lo que se produjo en su entorno que no estuvo la altura de lo que él podía soportar. "¿En qué lugar nos hemos colocado los adultos que acompañábamos a ese niño para desencadenar su angustia?" Ésta es la pregunta que conviene en el abordaje institucional del autismo. Sin embargo, no es así como en tantas ocasiones se interpreta lo sucedido, y es habitual escuchar, entonces: "Ha tenido una crisis, es un caso muy grave".

Un modo de estabilización

Si la palabra del adulto no afectase al niño —haciéndole interesarse en el otro, regulando de algún modo su

---

[16] En *Pioneros de la psicosis* (Gredos, 2014, p. 19), Vicente Palomera se refiere concretamente a la extrema docilidad que, en las psicosis, y por tanto también en algunos casos de autismo, encontramos en la relación del sujeto con la palabra: "En la psicosis, las palabras permanecen fijas, fuera de toda dialéctica. Esta adherencia extrema a la palabra hace que el psicótico aparezca calcado sobre la palabra del otro y atrapado en un mimetismo que le impide despegarse de ese otro. Al tratarse de una palabra *vacía*, deshabitada por el sujeto, puede llevarlo a un hiperconformismo familiar y social, por percibir que las palabras no son suyas, o incluso sentirlas como inconsistentes".

existencia o nombrando quién es él— no habría ninguna razón para que el funcionamiento autista de un bebé cediera —como vemos que sucede muy tempranamente— en favor del adulto que está con él. Para decirlo de otro modo, si no hay un interés especial en el adulto que se ocupa de los cuidados de un bebé, nada asegura que ese bebé vaya a interesarse por el mundo que está fuera de él.

En algunos momentos, podemos decir que todos somos un poco autistas pues encontramos una resistencia a establecer un vínculo con los demás. El autismo, que es también humano, no puede entenderse sin el abordaje de lo que encontramos en quienes hoy son diagnosticados de este modo. Para el psicoanálisis lacaniano, el autismo es un modo de estabilización del niño frente a la angustia. No ante cualquier angustia, sino aquella que se le presenta cuando debe anudar el lenguaje con su imagen y con las experiencias de satisfacción vividas en el cuerpo. Hay un momento especialmente importante en la vida del ser humano que llega cuando debe iniciarse en el habla, interesarse por la imagen de los demás y a la vez por la suya. Ahí se juega su partida vital para llegar a "ser alguien".

En el autismo, la entrada en la fase de hacer de la visión de su cuerpo una forma imaginaria acabada y propia no se produce, pero tampoco la creencia en la palabra del otro. El niño expulsa, así, de su campo de interés todo lo que viene del adulto en forma de palabra e imagen, y busca el modo de sostener su existencia por fuera de las funciones de la palabra y sin propiamente la idea de tener un cuerpo.

Si tomamos seriamente la hipótesis de que el autismo es un modo extremo de hacer frente a la angustia, en un momento temprano de su vida, podremos sostener también que ésa fue su respuesta frente a lo que se encontró. Considerar que el autismo es un modo extremo de sostenerse en el mundo implica devolver a ese ser humano toda su dignidad por el hecho de que se trata su solución. Los psicoanalistas nos referimos entonces al autismo como una "posición del niño frente a la angustia". Dicha posición es la respuesta, en un momento determinado de su vida, sobre la que, efectivamente, no puede dar cuenta y de la que, por cierto, sólo puede cargar con sus consecuencias.

Así, la educación para el autismo no puede ser planteada como un conjunto de técnicas que ignoren en qué momento se encuentra la niña o el niño ante las demandas de padres y educadores propias del acto de educar. Ignorarlo lleva muchas veces a los adultos a desproveerlo de la solución que encontró para estabilizarse. Toda educación que se prevea para el autista debe tomar en cuenta esa solución, darse su lugar y, siempre que sea posible, desplazarla lo suficiente como para que otros puedan incluirse en ella. El consentimiento del niño a ser educado es la única puerta abierta a la entrada de otros objetos, recorridos, palabras y personas. Pero sin ese consentimiento, la educación se convierte en un empuje al atravesamiento brutal de la angustia y, entonces, el surgimiento de lo peor.

¿Qué significa hablar?

El autismo y el psicoanálisis encuentran en la palabra un lugar de convergencia. Para aquel que pasa por la experiencia de ir a hablar con un psicoanalista sobre lo que le hace sufrir, pero también para quienes sufren sin el recurso de dirigirse al otro, la palabra está siempre en primer plano. Sin embargo, recurrir al psicoanálisis para hablar del autismo plantea en apariencia una paradoja: ¿de qué modo los psicoanalistas tratamos el autismo de un niño que no habla si, precisamente, la centralidad de nuestro trabajo se encuentra en la palabra?

Que los autistas están en el lenguaje es una evidencia para aquellos que los acompañan, pues no hay duda de que entienden lo que se les dice a la vez que para dirigirnos a ellos no lo hacemos sino por medio de palabras. Pero una cosa es entonces estar en el campo del lenguaje y otra asumir las funciones de la palabra. Una de las funciones de la palabra es que llaman siempre a una respuesta. Pero, ¿qué es lo que sucede cuando no es así? Éste es el nudo de la cuestión en el autismo: ¿qué sucede con las palabras que no llaman a una respuesta? ¿Por qué razón el autista no es llamado a responder a la palabra del otro e, incluso, qué hay en su propia experiencia de la palabra que no le permite dirigirla a nadie?

La primera palabra

El caso de Izan me permitió asistir a la aparición de la primera palabra en su vida. Tenía tres años cuando lo recibí por primera vez en mi consultorio. No hablaba ni se dirigía al adulto para pedir. Hasta los ocho meses, su crecimiento parecía normal. Miraba al adulto, sonreía, comía normalmente y dormía. Emitía incluso algunos sonidos, que empezaban a parecerse a algunas palabras ("papa", "mama", "yaya"). La dificultad para la madre, sin embargo, era consolarlo en los momentos de llanto. Me describió esos momentos como de un llanto excesivamente prolongado. Lloraba hasta la extenuación y, entonces, se detenía bruscamente. Esos "espasmos del llanto", como los denominaba ella, lo dejaban sin la posibilidad de responder de un modo que fuera efectivo. En realidad, lo que se hacía imposible en esas escenas era calmar a Izan convirtiendo así ese llanto en un llamado de consuelo. El consuelo es posible si de algún modo se puede pedir. Una respuesta de la madre que el niño hubiera aceptado como consuelo habría convertido su llanto en un llamado al otro. Ahí está el germen de la función de la palabra como llamado al otro.

Desde nuestros primeros encuentros, Izan se desplazaba por la sala de manera incesante. Presentaba un movimiento estereotipado y constante en el cuerpo, y siempre acompañado de algún objeto que traía de casa, a menudo un muñeco. Nada de lo que podía yo decirle o que buscase él lo hacía detenerse, excepto las piezas de un Lego que encontró un día en un armario. A partir de aquel momento, Izan empezó a organizar una actividad solitaria para la que imponía una estricta condición: que mi presencia no estuviera dentro de su campo visual. Entonces, yo debía sentarme detrás de él, en el otro lado del despacho. Se sentaba en el suelo, extendía las piezas del Lego delante de él y las movía a gran velocidad cambiándolas de lugar, haciéndolas girar sobre sí mismas o dejándolas a un lado para recuperarlas después. En diversos momentos, yo había intentado entrar en esa actividad ofreciéndole algunas piezas más o cambiando de lugar algunas de las que él utilizaba. Ninguno de estos intentos había tenido éxito. Cada vez, Izan, muy amablemente, me tomaba de la mano y me llevaba hasta mi silla para no ser una molestia en su actividad. Nunca entendí del todo qué lógica seguían sus movimientos. Lo único que se repetía era el hecho de hacer algunas parejas de piezas del mismo color y tamaño que, al cabo de un instante, desmontaba para hacer otras.

En una ocasión, se puso a acompañar esos movimientos con sonidos vocálicos. Del mismo modo que sus movimientos eran rápidos, también las vocales que pronunciaba se sucedían sin demasiada pausa entre unas y otras. Desde mi exilio del mundo hermético en el que él se encontraba, escuché de repente estos sonidos: "i, i, a, a, i, a, i, a…" Sin saber bien si cabía una respuesta posible a la voz de Izan, le respondí: "¡i, a!, ¡iiii, aaa!, ¡liiizaaan…!" Al momento, se detuvo. Se giró hacia mí y, sonriendo, repitió con el mismo tono ese "¡iii, aaa!" Siguió entonces un intercambio de esa especie de cantinela con la que uno puede imaginarse llamando al otro en medio del desierto, sin demasiadas esperanzas de obtener respuesta. El intercambio se produjo variando los tonos, de más grave a más agudo, y el volumen. Esa *proto* conversación tan particular que mantuvimos durante unos minutos provocó en él un júbilo manifiesto y, por qué no decirlo, una satisfacción para quien lo acompañaba.

Al cabo de unos días, cuando volvimos a encontrarnos en la sala de espera, lo saludé con un: "Hola, Izan". En el momento, me respondió: "Ian". Sorprendidos, los padres me explicaron que durante aquella primera semana, su hijo había dicho su primera palabra: *Ian*. La importancia de esta primera palabra no sólo recae en el hecho de que se trata de un nombre —una palabra especialmente importante para los psicoanalistas, pues es el nombre de alguien lo que atrapa de entrada su ser—, sino también porque su psicoanalista comparte con él, en el nombre, las mismas vocales "i – a" (Izan, Iván). En efecto, su primera palabra daba cuenta además de un encuentro, de su encuentro con el otro que lo introdujo, como consecuencia, en un más allá del autismo.

Lo que Izan me enseñó es que, para que una palabra se convierta en un llamado al otro, es fundamental suponer que hay en el llamado autista una persona que impone sus estrictas condiciones al otro, pero que siempre, de algún modo, un intercambio es posible. En este caso, el reconocimiento del adulto que se dirigió a él, el diálogo por medio de la voz, como si de un objeto se tratase, y la producción de la primera palabra fue posible por haberme dirigido a él desde el modo de relación que este niño tenía con su propia voz, en aquel preciso momento. Esta primera palabra inauguró una serie y permitió otros tipos de intercambios mucho más complejos con el adulto.

Decir y hablar

¿Quién escucha hoy a los autistas? ¿Qué dicen los autistas que no hablan o los llamados Asperger que no dejan de hacerlo? ¿De qué modo escuchamos su saber silencioso? La palabra del autista está hoy fuertemente amenazada desde el momento en que se pretende de ella convertirla en un puro decir. Las terapias cognitivo conductuales (TCC) se proponen dar la medida de la producción verbal de los autistas que indique cuál es el modo estandarizado de permanecer en el mundo. Esta medida pretende ser hoy ejercida por las TCC con un carácter claramente autoritario desde el momento en que buscan seducir a los gobernantes para obtener de ellos el aval político para generalizarla.

La población de los más pequeños es hoy un claro objetivo de las TCC que, de la mano de algunos colectivos de familiares, y en nombre de la prevención, van a ocuparse de aplicar, desde la primera palabra, las técnicas para integrar al niño en la imagen narcisista del mundo. Y para llegar a ello, los cognitivistas empujan al autista a decirlo todo y a hacerlo en el momento en que convenga. El autismo se revela entonces como una posición de defensa contra la palabra cognitivista, la que proviene de la voluntad del otro de decirlo todo. Se miden así sus palabras para hacerlo callar; se le pide un decir puro que conlleva dejar en silencio su manera propia de enunciarlas.

Hablar y decir cosas no es siempre lo mismo, pues hablar implica poner de manifiesto la expresividad del alguien por medio del manejo de las características prosódicas del lenguaje. La entonación, la velocidad, el uso de las cadencias, el énfasis, la acentuación o el ritmo son algunas de las formas que toma la palabra en su vertiente fónica. Pero para ello conviene que el niño se haya interesado por el uso de su voz. [17]

Con voz propia

Encontramos algunos autistas que han accedido al lenguaje pero a condición de usarlo siendo ellos el ventrílocuo

---

[17] El psicoanálisis de Jacques Lacan permite situar ahí la problemática con la palabra en el autismo, en la disociación entre el lenguaje y la voz que conviene asumir para soltar las palabras.

del otro, descargándose así de poner en juego un uso propio de su voz, de su presencia y de sus afectos. Las frases interrumpidas dirigidas al otro que esperan de éste incesantemente y con placer el mismo final; o las verbalizaciones denominadas como *lenguaje de loro* o *ecolalia diferida*, son algunos de los fenómenos de lenguaje para referirse al "trastorno de la enunciación derivado de una carencia de la identificación primordial".[18]

La carencia de esta identificación implica que el niño no dirigió su interés hacia el otro en el momento que convenía. No identificó como conocido, como propio, aquello que provenía del exterior y, por tanto, lo expulsó de primeras de su campo de interés. Así, no identificarse con la palabra del adulto que le dirige sus cuidados hace de esa palabra una voz imperativa que reclama obediencia. Así debemos suponer cómo en la psicosis y el autismo la persona recibe la palabra que el adulto le dirige. En sí misma, la palabra transporta una carga agresiva que está determinada por el hecho de exigir del otro su escucha. De este modo, toda demanda de obediencia del adulto hacia el autista se va situar, lo quiera o no, en afinidad con esa agresividad que carga para él la palabra. Su esfuerzo, entonces, se empleará en defenderse de la palabra. Ya sea por evitación —es decir, absteniéndose de usar su voz para dirigirse al otro— o por mimetismo —con la rigidez que supone hablar con la entonación del otro—, el autista busca anular en el lenguaje cualquier fenómeno de enunciación, de la enunciación del otro pero también, y sobre todo, de la suya propia. Esta cuestión permite discriminar

---

[18] J. C. Maleval, *El autista y su voz*, Gredos, Madrid, 2011, p. 64.

claramente los métodos que persiguen la producción de palabras del autista de aquellos que entienden que la palabra es secundaria al efecto de gozar de la voz propia. La producción de palabras la pretende quien quiere que el niño hable; gozar de la voz propia, quien busca interesar al niño en que hable.

En efecto, el ser humano habla fundamentalmente porque se satisface de la palabra, incluso cuando ésta no ha adquirido todavía ese estatuto. El balbuceo, por ejemplo, es una experiencia de goce para el bebé, que obtiene por medio de la voz, y es un fenómeno propio del campo del lenguaje que debemos considerar ya propiamente verbal. De no producirse este paso por el balbuceo —como verificamos en algunos casos de autismo—, o interrumpirse justo en ese periodo la satisfacción que el bebé o niño extraerá de ello, la palabra no llega a recortarse de su producción vocal; aunque se entretenga escuchándose no llega a dirigirse al otro para hacerse escuchar.

Diálogo en voz baja

Hace algún tiempo recibí a una niña de 10 años que había pasado por diversos tratamientos de reeducación y fuertes dosis de medicación. La madre quería que valorase el estado de su hija, en un autismo severo, que había empezado a golpearse en momentos de fuerte angustia, y que no tenía en ese momento ningún terapeuta de referencia. Mantuve con esta pequeña una breve conversación durante la primera entrevista, aunque después de un largo rato de silencio. En realidad no era un silencio como tal, pues Ana, esta chica, producía una serie de susurros ininteligibles para mí, mientras estábamos dedicados cada uno de los dos a nuestro rompecabezas, un entretenimiento, como supe, de suma importancia para ella. Éste fue nuestro breve pero intenso diálogo:

Psicoanalista (en voz muy baja): Annie dice muchas cosas.
Ana: Sí… pan.
Psicoanalista: ¡Ah, pan! En la panadería hay pan.
Ana: Bollería…
Psicoanalista: ¡Ah! En la bollería hay bollos.

Largo silencio.

Psicoanalista: ¿Vendrás otro día a decirme más cosas?
Ana: Sí… te diré… supermercado.
Psicoanalista: ¡Ah, en el supermercado hay muchas cosas!

En ese momento, Ana se levantó y dio por concluida nuestra entrevista. ¿Qué tipo de conversación es ésta? ¿A qué normalidad se refiere? Aunque quizá la pregunta que conviene es: ¿a quién le hablaba Ana? Los psicoanalistas sabemos que cuando las personas se ponen a hablar entre ellas, el malentendido está asegurado. Creemos hablar con el otro cuando en realidad es con nosotros mismos con quienes pretendemos entendernos; es decir, que lo que se impone en una conversación es el monólogo en el que cada uno está inmerso. Así suele funcionar. El modelo clásico de la comunicación queda subvertido entonces y pretender aplicarlo al autista es pedirle justo eso que los demás no podemos estrictamente llevar a cabo.

Pero, además, hay algo especialmente interesante en el diálogo con Ana. Por un lado, la suposición de aquel que se dirigió a ella pretendiendo que en sus susurros ella decía alguna cosa. Y, por el otro, el resorte de esa conversación: la satisfacción de Ana vinculada al objeto oral, lo que se lleva a la boca (el pan y la bollería). Es en realidad alrededor de la comida que esta niña pudo, por un momento, salir de su silencio para incluirse en el campo del otro. Por cierto, ¡qué mejor modo de incluirse en el campo del otro que pasar de la panadería al supermercado! Además de poner en jaque al psicoanalista que la acompañaba pidiéndole a su modo cuál es el objeto de un supermercado, Ana desmontaba la idea extendida de que el autista no puede pasar de un contexto a otro si no es con gran angustia. Para pasar de la panadería a la bollería y al supermercado sólo era necesaria la satisfacción con el objeto que se lleva a la boca.

La culpa la traen los padres

Basta con una ligera sustitución de palabras para que el efecto devastador sobre la supuesta culpabilidad de los padres en el autismo de sus hijos se disipe, o mejor dicho se convierta en otra cosa. "La culpa la tienen los padres" es una sentencia atribuida a los psicoanalistas, con la que se ha pretendido a menudo culpabilizarles a ellos, de la no curación del autismo. Pero lejos de establecer una relación de causa-efecto entre el autismo de un niño y el tipo de madre o padre que tuvo, los psicoanalistas constatamos habitualmente que, en realidad, "la culpa la traen los padres" ya cuando consultan al inicio por las dificultades que encuentran en sus hijos. Ahí está el desplazamiento de términos que los psicoanalistas hacemos: la culpa no la tienen, la *traen* los padres, la llevan allí donde van, buscando un profesional en quien confiar su desorientación inicial.

Por supuesto, esto no impide que puedan encontrarse con profesionales que consideren el autismo de un niño como el producto de una educación recibida o que, sin decirlo explícitamente, las intervenciones de esos profesionales lleven implícitamente ese mensaje. Pero eso no es entonces una responsabilidad reservada sólo a los psicoanalistas. También es una experiencia común para muchos padres escuchar de sus propios familiares o amigos, o incluso de personas con las que se cruzan por la calle, la culpabilización hacia ellos de lo que su hijo hace o dice: "Lo tienen mal criado" o "Los padres de hoy consienten todo a sus hijos". Entre otras frases lapidarias, esto es lo que muchos escuchan, atónitos, cuando la mirada del otro sanciona lo que le sucede al niño, como si de un problema de educación se tratase.

¿Maleducados?

El autismo pone en jaque las funciones propias de los padres. De ellos esperamos, de entrada, que establezcan una mínima regulación en la vida de niño pequeño: que duerma durante toda la noche, que se acostumbre a las horas de las comidas, que haga sus necesidades donde y cuando toca, que sepa estar en los lugares, que no toque las cosas en los comercios o que se detenga ante un semáforo en rojo. No hace falta una formación específica para ser madre o padre —tampoco sería posible, por otro lado—, pues ellos saben habitualmente lo que deben esperar de sus hijos. Aunque sólo sea por el hecho de que ellos han sido también niños a educar, el saber de los padres se asienta en el modo como ellos mismos se identificaron con el otro, y en la aceptación o el rechazo de esa identificación.

Un rechazo primordial

El autismo en un hijo dinamita ese saber inicial y lo pone gravemente en cuestión. Muchas veces, todo lo que los padres pretenden de manera intuitiva hacer con él no sirve, y el niño rechaza los alimentos, no consigue dormir por las noches, se muestra igual de activo durante el día que de madrugada, no se deja cortar las uñas ni el pelo, hace sus necesidades de manera desregulada o precisamente en cualquier lugar menos en el baño, sale corriendo y cruza la calle sin atender a nada ni a nadie, y tantos otros ejemplos que los padres conocen bien. Porque, en realidad, lo que ellos conocen, lo que saben a veces sin saber que lo saben, es que su hijo rechaza todo lo que, en forma de demanda, le viene del otro. ¿Por qué? Porque no se produjo en el momento que formaba la creencia en el otro. Son niños que no se identificaron con alguien y por tanto, no creen en el otro, sino que lo rechazan. Pero no un rechazo parcial a algo concreto que le venía de fuera o de su propio cuerpo, sino un rechazo inicial completo a cualquier modo de creencia. Incluso la retirada de la mirada hacia el adulto, en casos de niños muy pequeños, puede entenderse en ese sentido como un rechazo, un intento de expulsión de su campo visual de toda imagen del otro. No se produce, entonces, en el niño un reconocimiento simbólico del padre, la madre, un tutor o incluso un cuidador, desde la función educativa que ejercen. Pero tampoco, en algunos casos, el reconocimiento e interés por la imagen de los demás. Resulta muy llamativo en los bebés cómo, desde los pocos días de vida, captan que la presencia de personas a su alrededor no tiene el mismo estatuto que los objetos fijos o móviles que encuentran también en su campo visual. Y es especialmente significativa la captación que desde muy pronto el ser humano hace de la mirada del otro. ¿Por qué un bebé no se fijará en la barbilla, pongamos por caso, de su padre o su madre cuando se dirige a ellos para encontrar su reconocimiento en una sonrisa o en una palabra, y sí lo hace mirándolos a los ojos? Es el interés por la imagen del otro lo que encontramos primero, antes de que alguien pueda interesarse por la imagen del otro.

Sentirse culpable

¿Cómo es posible entonces educar a un hijo si no mira a sus padres y no atiende a lo que se le dice? El autismo, pero también algunos otros tipos de psicosis, hacen inservibles las intuiciones de cualquier padre o madre porque, en realidad, con lo que no contaban es con el hecho de que su hijo no los iba a colocar, al menos de entrada, en esa función. Y lo que surge como efecto en ellos es la culpa, el sentimiento de que algo no hicieron bien para no haber obtenido la consideración como padres por parte de su hijo.

Cuando los psicoanalistas escuchamos la culpa que trae una madre o un padre lo hacemos localizando allí su respuesta a la problemática con la que se encontró. Ante el sinsentido que le presenta un hijo autista, se responde: "Soy culpable". Pero esto no tiene nada que ver con que tenga la culpa. Podemos decir que todo el mundo tiene derecho a sentirse culpable. Otra cosa será si el profesional que lo escucha interviene para confirmarle o desmentirle las razones de esa culpabilidad. Los psicoanalistas ni confirmamos ni desmentimos la culpabilidad que alguien experimenta y que nos manifiesta. Pero sí la tomamos en consideración como una verdad propia que podrá eventualmente convertirse en otra cosa, por ejemplo, en la responsabilidad de ocuparse de lo que le sucede a su hijo. La culpa del autismo de un hijo no la tienen los padres, pero sí es su responsabilidad ocuparse de lo que sucede.

Es seguramente la lección más importante que José Antonio, el padre de Miguel, da al espectador del documental *Otras voces. Una mirada diferente sobre el autismo*:[19]

Esta culpa, yo creo que nace de dentro de uno mismo, Iván. No, nadie te culpa, al revés. Entiendo que la gente no te va acusando de nada ni mucho menos. Pero tú quieres creer que hay una causa, concreta y demostrable, que ha sido la que ha iniciado el tema… Yo le he dado mil vueltas a aquella escena. Qué digo mil vueltas, un millón de vueltas a aquella escena. Y he querido pensar si le pasó algo o si fue algo físico; si se le rompió algo por dentro… Porque

---

[19] Documental dirigido por Iván Ruiz y Silvia Cortés, estrenado en Barcelona el 2 de abril de 2013. DVD disponible en internet: <http://unesaltresveus.teidees.com>.

necesitas encontrar una respuesta. Como los días pasan y la respuesta no llega, al final debes entender que qué más da lo que fuese. Está aquí, es tu hijo, puedes disfrutarlo y tienes la obligación de disfrutarlo y de enseñarle lo poco o mucho que tú sabes de este mundo y que él descubra el resto, que tiene todo por delante. Entonces, dejas de lado esa culpabilidad, la tuviste, la pasaste, la superaste y te la echaste a las costillas. Y nada más.

De nuevo, los efectos colaterales del autismo, de aquello que se resiste a pasar por el otro, a ser regulado, educado, corregido o normalizado, hace de las personas diagnosticadas de trastorno del espectro autista y de sus familias seres humanos como los demás en su relación con la palabra. ¿O es que hay algún padre o una madre que no haya sentido en algún momento culpabilidad por lo que su hijo, autista o no, hizo o dijo? Si la culpabilidad la traen los padres es, precisamente, por el hecho de que es inherente a la función paterna y materna. Tan inherente como lo es la respuesta del niño o la niña a la educación de sus padres, una respuesta que se mantendrá siempre, de algún modo, como un enigma.

Adolescencias hoy

JUAN MITRE

El plural está justificado: no hay una adolescencia, hay diversas formas de atravesar ese momento de la vida. No sólo la época y el contexto social lo determinan sino que cada adolescente tiene un modo singular de recorrer esa delicada transición.

Un adolescente se encuentra en una zona intermedia, en una zona de paso. Por tal motivo, en general, no se sabe bien cómo tratarlo, y él tampoco sabe bien cómo comportarse. Es por lo general un momento de desorientación, tanto para los padres como para el joven.

De hecho la adolescencia "como edad de la vida" es un invento moderno, no siempre existió. En las llamadas tribus "primitivas" existían ritos de iniciación que marcaban con claridad el fin de la infancia y el comienzo de la vida adulta. La iniciación era planteada en general como un segundo nacimiento, donde mediante algún ritual se lograba estabilizar en muy poco tiempo una nueva posición en lo social, y así un niño pasaba rápidamente a convertirse en un adulto. También ayudaba en ese proceso iniciático lo rígido de aquellas sociedades en torno al reparto de las funciones sociales y el lugar que cada quien debía ocupar.

Hoy casi no quedan ritos de iniciación instrumentados por la sociedad, los jóvenes muchas veces los inventan por su cuenta en esa larga transición llamada "adolescencia", donde el inicio es claro, la pubertad, y su final cada vez más difícil de situar. Años de transición y búsqueda, formación, que varían según los contextos y las épocas.

El despertar de la sexualidad

Desde el psicoanálisis podemos pensar la adolescencia como la respuesta al despertar sexual. Por más que hoy en día la sexualidad haya dejado de ser un tabú y que los jóvenes por lo general cuentan con información, el tema no deja de inquietar tanto a los adolescentes como a sus padres. Cómo hacer, cómo arreglárselas con ese nuevo cuerpo, sus sensaciones y con las fantasías que se despiertan; cómo ser hombre, cómo ser mujer son las preguntas que surgen y a veces atormentan a los adolescentes. No hay dudas de que la información es necesaria; afortunadamente en muchas escuelas existen talleres de educación sexual, en los hogares se habla muchas veces de aquello que antes no se hablaba. Pero más allá de este cambio en las costumbres hay un punto opaco en cada joven en lo que hace a su despertar sexual, un punto insondable que no puede traducirse en palabras. Cómo responde cada adolescente a ese acontecimiento del cuerpo es siempre un asunto individual.

Los cambios corporales llevan a una reconfiguración psíquica, a una nueva forma que el joven debe encontrar para sí y para relacionarse con los otros. Es decir: habitar el mundo de una nueva forma. Esta transformación lleva tiempo y puede presentar diversos factores, desde inhibiciones hasta comportamientos errantes. Habrá que evaluar con cuidado en cada caso qué es lo que el joven está manifestando con sus síntomas, y distinguir con claridad lo que es propio de la edad de lo que es signo de un sufrimiento o del inicio de una enfermedad.

¿Trastornos de conducta o pantomimas?

Cierta psiquiatría y psicología cognitiva-comportamental piensa determinados comportamientos solamente como "trastornos de la conducta". Un trastorno es algo que funciona por fuera de una norma. La idea de normalidad —hay que decirlo— va cambiando con el tiempo y es distinta en cada cultura. A los adultos muchas veces les preocupa el comportamiento de los adolescentes, y en ocasiones con toda razón, ya que hay ocasiones donde puede implicar un riesgo. También que alguna forma de inhibición o dificultades, por ejemplo en torno al hacer amigos o pasar de curso, pueden deteriorar la vida social o escolar.

Sabemos de la importancia de los grupos de pares en la adolescencia, la importancia de encontrar un grupo y sentirse "uno entre otros", y también del sufrimiento que puede traer aparejado no encontrar cómo incluirse y quedar por fuera. Pero es importante tener en cuenta que existen diversos modos de establecer lazos y de vincularse con los demás, el estilo y la forma de cada joven deber ser respetado.

El psicoanálisis, a diferencia de los enfoques que buscan "trastornos de conducta" para intentar corregirlos, ofrece a los adolescentes un espacio donde puedan traducir en palabras aquello que los lleva a actuar así. Como en el juego "Dígalo con mímica", donde cada participante a su turno debe representar una frase y luego al grupo le corresponde adivinarla. A determinados comportamientos inquietantes de los adolescentes conviene pensarlos desde esta lógica; la diferencia con el juego es que en ellos el adolescente no sabe la frase que está actuando. El encuentro con un analista puede ayudarlo a volverse un lector de lo que le sucede y expresar en palabras su malestar. Tanto un niño como un adolescente necesitan muchas veces un lugar confiable donde puedan desplegar lo que les hace padecer, para buscar luego un nuevo modo de responder. Un lugar donde se respete su palabra y sus soluciones.

Sostener "una normalidad" en torno a los modos de comportarse siempre tiene sus riesgos, ya que un ideal de normalidad puede ser un imperativo que silencie modos de expresión. Por lo tanto, un síntoma debe ser respetado, ya que allí muchas veces se aloja tanto una verdad como una solución que alguien ha encontrado ante un conflicto o incluso un trauma.

Hay veces que el comportamiento perturbador de un joven es un modo de pedir ayuda; se trata de aquellos comportamientos que tienen una clara dirección al otro y donde se lleva a cabo un llamado. Puede ser a sus padres, a sus maestros o incluso a la sociedad. Algo se le pide a alguien que pueda responder, escuchar realmente y leer qué es lo que está en juego en su sufrimiento. Muchos comportamientos provocativos como pelearse en la escuela o ponerse en situaciones de riesgo pueden servir de ejemplo.

A veces se trata de la búsqueda de un límite, de un "no" a un comportamiento ruinoso, es decir, algún tipo de regulación o de orientación. Recuerdo, en este sentido, a un joven que había comenzado a consumir drogas y se aparecía una y otra vez bajo el efecto de las mismas ante sus padres y ante las autoridades de su escuela.

Otras ocasiones lo que está en juego con esos actos difíciles de comprender es un intento de separación de un otro demasiado presente, un intento de trazar una frontera ante un otro asfixiante o que lo mira demasiado. Aquí podemos poner de ejemplo ciertas mentiras de los adolescentes a sus padres, que con regularidad son un modo de esconder algo cuando sienten la mirada de ellos demasiado encima. Paradójicamente lo que logran es que el otro esté más encima al perder la confianza.

Otras veces esos comportamientos inquietantes son modos de comprobar qué lugar se tiene para el otro. Por ejemplo, algunas fugas pueden pensarse como modos de comprobar si el otro realmente "me quiere".

También determinados comportamientos pueden quedar referidos a la búsqueda de reconocimiento al joven que ya ha dejado de ser un niño, o que se le reconozca que se le está haciendo mal o se le prohíbe demasiado. Aquí podemos pensar en esos casos donde los padres no pueden aceptar la sexualidad de sus hijos y los siguen tratando como niños, o que niegan su orientación sexual, como también cuando desde el discurso de los padres se rechaza con vehemencia el ingreso de cualquier novedad que traiga el joven.

Para el psicoanálisis, la angustia es un afecto fundamental. Los síntomas como determinados comportamientos son —en última instancia— respuestas a un estado de angustia. Son modos de defensa ante la angustia. Cuanto menor es la capacidad de defenderse de determinado hecho angustiante por medio de la palabra, más el cuerpo se pone en juego. Un ejemplo muy contemporáneo es el fenómeno de los cortes que se autoinfligen algunos adolescentes, lo que hoy se denomina *cutting*. Lo que allí siempre dicen es que el dolor corporal producido por el corte los alivia de un dolor mucho más insoportable que es el dolor de la angustia. Prefieren un dolor físico a un dolor psíquico. El tratamiento consiste en que puedan encontrar otra forma de defenderse de la angustia, así como también que les sea posible elaborar su causa mediante la palabra.

Es imprescindible recordar que cada situación y cada caso son únicos, y deben siempre ser considerados como tales de acuerdo con las circunstancias y las historias individuales.

Las nuevas tecnologías y las relaciones sociales

"Mi hijo está todo el día aislado con la computadora", dicen muchos padres. Los niños y adolescentes muchas veces los contradicen: "Estamos conectados". ¿Hay alguien del otro lado de las pantallas, o se trata de una relación compulsiva con los objetos técnicos que ofrece el mercado? "Viciados", llaman los adolescentes en Argentina a quienes no sueltan sus *gadgets* (entiéndase aquí por *gadget*: iPad, iPhone, teléfonos celulares, computadoras, consolas de juegos, etcétera).

No hay dudas de que la revolución tecnológica ha cambiado el modo de vivir. Es decir, el modo de ser y estar en el mundo. Es innegable que gran parte del tiempo se vive *on line*. Claro está que la tecnología en sí misma no es buena ni mala, se le pueden dar usos diversos y su potencial es enorme, sirve para la comunicación y el lazo social como también puede producir síntomas o comportamientos nocivos. La clave, como siempre, está en el uso.

Hoy la *web* es un lugar donde los jóvenes se muestran y llevan a cabo nuevas formas de exploración sexual y distintos modos de ser. A veces incluso es un refugio en el que se busca una salida del mundo familiar.

Es sobre los adolescentes que se hacen sentir con mayor intensidad los efectos del cambio de época en que nos encontramos. Una de las principales mutaciones de nuestro tiempo es la decadencia de las figuras de autoridad. El saber para los jóvenes pasa de estar encarnado en la figura de un profesor a estar depositado vía los objetos tecnológicos en Google, Wikipedia, en la red. Se podría distinguir, incluso, una nueva soledad propia de esta época, aquella que no se articula a la figura del padre. Hoy en día muchos jóvenes dirigen su malestar a grupos que se arman en las redes sociales o publican en sus perfiles su padecimiento a la espera de que alguien responda, dirigiéndose de esta forma a un otro indeterminado. En ocasiones allí encuentran respuestas, y en otras, la soledad se profundiza. Más allá de relaciones *online/offline* (ya que una relación *online* puede ser realmente significativa, pues hoy se arman parejas de ese modo), lo que cuenta es que un joven encuentre a quién dirigirle su mensaje, encuentre con quién hablar. Por lo tanto, se trata de distinguir en cada caso qué uso del objeto técnico está en juego; si permite un lazo —la creación de un "nosotros"— o se trata de un uso adictivo. Si vía "los *gadgets* de comunicación" es posible el encuentro de un destinatario o una suerte de errancia virtual acontece.

Las fronteras

Estamos en una época de cambio donde se desdibujan determinadas fronteras. Entre lo público y lo privado, entre el cuerpo propio y el cuerpo del otro, entre un niño y un adulto. Múltiples problemas clínicos dan cuenta de esta problemática. Como ejemplo cotidiano podemos traer lo que señala la antropóloga Paula Sibilia: las jovencitas ya no tienen "diarios íntimos" donde escriben sobre su intimidad sino "diarios éxtimos", que a través de Facebook, Instagram y demás redes muestran su intimidad como si se tratara de un espectáculo. La época empuja a mostrar y mostrarse, la imagen reina y sólo tiene valor lo que es capturado por la cámara. Al retornar de un viaje de vacaciones ya nadie narra historias, aventuras o anécdotas, sino que se suben las fotos a una red social (si no es que se las subió en el instante mismo en que se las sacó). La *selfie* es un ejemplo paradigmático del imperio de la imagen: comenzaron los jóvenes y hoy hasta los políticos hacen uso de ellas. A cada lugar que se va es necesario registrarlo con una *selfie* como un modo de comprobar la propia existencia, la propia presencia en el mundo. Hemos encontrado en la clínica que este empuje a mostrarse y darse a ver puede llevar a ciertos riesgos. Es habitual que el intercambio de fotos o videos íntimos en el marco de una relación amorosa luego de la ruptura sea viralizado como modo de venganza. Son nuevas formas que tienen sus riesgos, y donde los padres y docentes deben acompañar a los adolescentes ayudándolos a medir las posibles consecuencias de sus actos. Hay que ayudarlos a encontrar velos y fronteras en la época de la imagen.

Algunos padres también, en nombre de la seguridad, quieren verlo todo. Una discoteca para adolescentes en Buenos Aires promocionaba el lugar con cámaras de seguridad en su interior y transmisión en directo por la *web*, o sea que los padres podían ver en vivo lo que pasaba dentro. Supongo que los chicos se las arreglaban de alguna forma para no ser vistos.

Hay un empuje a mostrar, a mirar, a contarlo todo. Uno de los ideales contemporáneos es "la transparencia", ver todo en nombre de "la seguridad". Por ejemplo, el documental *La infancia bajo control*[20] muestra la intromisión de los adultos (los padres y agentes de salud) en la intimidad del niño. Presenta a una madre que dice que su hijo es "mentiroso", y los agentes de salud (a todas luces, agentes de control social) interpretan la mentira como conducta antisocial; donde incluso —parece un chiste pero es cierto— según ellos un niño que miente va camino a transformarse en un futuro delincuente.

Por supuesto, sería más saludable y razonable preguntarse por qué ese niño miente. Qué está en juego para él en sus mentiras. Sin olvidar que mentir en la infancia es un modo de comprobar si el otro puede saberlo todo. Incluso

---

[20] *L'Enfance sous contrôle*, de Marie-Pierre Juary, Francia, 2009.

puede ser un modo de trazar una frontera con ese adulto que quiere saber o verlo todo. Si algo se oculta, hay algo que el otro no sabe, hay algo que el otro no puede ver. Es un modo de jugar a las escondidas con el otro, o mejor dicho, del otro. Y como todos saben, las escondidas, en todas sus formas, es un juego clásico en la infancia. Lo que pasa es que algo está mutando, lo clásico está transformándose.

En la era de la globalización el mapa está cambiando. Y esto incide en las familias, en los niños, en los adolescentes, en las problemáticas de la época.

Conviene tener en cuenta que hay fronteras y fronteras.[21] Hay fronteras que reprimen y segregan pero hay otras que son necesarias, que instituyen lugares. Lo que podríamos llamar "las buenas fronteras". Fronteras necesarias, fronteras que separan y que unen. Porque una "buena frontera" permite eso, separa pero también une. Una frontera también puede ser una zona de paso. Como también, en otros casos —y lo que sería otra dimensión de la frontera—, una frontera es una barrera, un límite, un borde donde conviene detenerse si no se quiere llegar a lo peor.

Para concluir

Como decíamos al inicio, en las sociedades modernas la adolescencia es un momento pasajero, por lo que la elección de una vocación, la construcción de un ideal

---

[21] J. Mitre, "Lo que hace frontera", en *La adolescencia: esa edad decisiva*, Grama, Buenos Aires, 2014.

que le permita al adolescente orientarse, la inscripción de un deseo en lo social, son maneras en que alguien puede poner fin a las incertidumbres y turbulencias propias de ese periodo de la vida. Pero para que esto pueda suceder es fundamental el encuentro con un adulto que reconozca ese deseo, que le diga sí a esa invención singular. La elección de una vocación o un oficio es un ejemplo, como también lo es la adhesión a un ideal político o social. Incluso en el plano individual del mismo modo están los ideales que alguien puede construirse para su vida, como puede ser la idea de formar una familia, o de tener una banda de rock o de realizarse en determinada actividad. Pero para que un ideal o un interés de algún tipo puedan cristalizarse no sólo se necesita tiempo sino el encuentro con alguien que sea capaz de reconocerlo. Aquel o aquellos que reconozcan al joven y le digan que sí a su deseo particular pueden ser sus padres, pero también un maestro de la escuela o cualquier otro adulto. Recuerdo el caso de un joven muy inteligente que causaba muchos problemas en su escuela y los padres debían concurrir a menudo por su mal comportamiento. En el análisis él pudo decir que no le gustaba ese colegio, que los compañeros no eran de su estilo y que no soportaba la exigencia académica de la institución y de sus padres. En una ocasión un profesor se interesó en él valorando su gusto por la música. A partir de ahí comenzó a perfeccionar su técnica como guitarrista de manera considerable, y tiempo después por su cuenta empezó a buscar por internet colegios con orientación en arte. Sus padres luego de su insistencia aceptaron que cambiara de escuela, y a partir de ahí hizo planes para encontrar un lugar de pertenencia donde atravesar su adolescencia de otra manera. Es fundamental el encuentro con un adulto que pueda "decir sí" a las invenciones (a las buenas respuestas del joven) como también "decir no" al comportamiento ruinoso. Hay toda una problemática ligada al reconocimiento que tiene un enorme valor para que pueda efectuarse una invención singular con el fin de que el adolescente le sea posible optar por una nueva forma en el mundo en ese momento de metamorfosis.

La adolescencia es un tiempo de búsqueda y acomodación tanto para los adolescentes como para sus padres. Y donde éstos muchas veces deben aceptar que sus hijos no respondan a sus expectativas y que emprendan caminos diversos al que ellos quisieran, y que incluso, en aquello desconocido e íntimo de su hijo puede alojarse lo más valioso para él. También, como vimos, puede ser un tiempo donde síntomas y comportamientos disruptivos pueden presentarse y donde es necesario pedir ayuda para interpretarlos. Lo mejor que los padres puede hacer es acompañar al adolescente en su delicada transición dándole tiempo, confianza y herramientas para que le sea posible encontrar su propia vía.

Conclusiones
Sobre la época que nos toca vivir y en la que nuestros hijos crecen

Permítanme preguntarme y preguntarnos: ¿qué es ser alguien de la época actual? Un filósofo italiano, Giorgio Agamben, se planteó esta pregunta y se respondió en términos muy sencillos. Encuentro una gran utilidad en su respuesta, que es aproximadamente así: para ser un verdadero contemporáneo hay que ser un poco anacrónico. Esto quiere decir que para ver claro lo que ocurre en la época que nos toca vivir y compartir con nuestros hijos, conviene ser un poco de otro tiempo. Como el que ve los lugares libres en el campo de juego porque está fuera del mismo, haber nacido y vivido un tiempo de nuestras vidas en una época anterior es lo que nos permite ver lo que no anda bien en la época actual, que se caracteriza por la promesa de grandes brillos y de felicidad permanente.

¿Y para qué nos sirve esto como padres? Pues nada más y nada menos que para sostener nuestro lugar como tales. Esto quiere decir que aunque ese lugar del padre como autoridad esté un tanto a la baja, decaído, sí podemos ejercer la paternidad como un lugar de orientación. Pretender ser un amigo, un par de nuestros hijos, no sólo es imposible, sino que además seremos rechazados y no ayudaremos en la orientación de sus vidas.

Conviene una buena distancia, que no va en contra de la comprensión, del amor y hasta de cierta complicidad. La distancia que marca y recuerda que hay un lugar —el de los adultos— en donde hay un saber que les falta, que alcanzarán y que no dice "sí" automáticamente a todo lo nuevo, porque esto también adolece de fallas. Y con este saber, alertarlos de que nada que se publicite como la clave de la felicidad existe. Ésta se presentará en sus proyectos, logros, amigos, parejas, pero no en un objeto que se pueda comprar.

Supongamos que un niño dice a sus padres que no irá más a la escuela porque lo que quiere saber lo buscará en internet, cosa que ya está pasando. ¿Cómo responder a esto si no hubiéramos tenido la experiencia —anterior a la existencia de la red— de que el saber encarnado en alguien, un maestro, por ejemplo, se transmite por la pasión de éste? Si tomáramos al pie de la letra la frase del niño y le creyéramos, ¿en qué estaríamos colaborando y orientando en su educación? Estaríamos más bien empujando a la ruptura de los lazos que se establecen por la transmisión del saber, en contra de nuestro mismo lugar de orientadores. ¿Por qué creería nuestro hijo en nosotros más que en Google?

Sobre la ciencia y la prudencia

Muy ligado a la conclusión anterior, encontramos que vivimos un momento en donde la ciencia aparece como el saber dominante y que promete la solución a todos los malestares. Tomamos varias veces a lo largo del libro el tema de los medicamentos y las clasificaciones, por ejemplo. Conviene saber que cuando leemos investigaciones sobre medicamentos, estamos leyendo trabajos pagados por los laboratorios que los producen. Hay algunos trabajos de investigación que llegan a cierta conclusión y otros que llegan a la contraria. Pero incluso si suponemos que puede darse un resultado estrictamente científico en cuanto a un tipo de tratamiento, o a la causa de un malestar psíquico en la infancia o la adolescencia, estaremos frente a un conocimiento que llamaremos universal; esto es, igual para todos. Por ejemplo, el mal humor de Pedro tiene la misma causa y responderá al mismo tratamiento que el de Juan. Sabemos, es un hecho, que esto no es así. La tristeza de María no tendrá la misma causa que la de Belén, ni responderán igual al mismo tratamiento. Lo mismo diremos de la hiperquinesia de uno u otro niño. Creer que todas estas manifestaciones son idénticas es un exceso promovido por los trabajos pseudocientíficos, o semi-científicos.

La prudencia es la virtud que se opone a los excesos. Es el "nada de exceso" que permite afirmar que cada una de las personas que sufre tiene una historia propia y un estilo propio para responder a las cosas que le tocó vivir. Es lo que llamamos su singularidad, aquello que la hace inimitable y diferente a las otras. El prudente, como ya decían los griegos, es el que se las arregla con lo inesperado más que con los ideales que son imposibles de cumplir. Su nombre mismo lo indica: *ideales*, ideas que nos pueden orientar pero que no pertenecen a la práctica del vivir.

Esto nos permite distinguir al científico del sabio. Los padres están del lado del sabio, que es quien puede transmitir algo más de su conocimiento de la vida que conocimientos de laboratorio. La prudencia es el uso de esa sabiduría para tomar la decisión que mejor responda a los imprevistos que nos toca enfrentar. Aparece como una posición que marca un límite a las promesas de la ciencia actual y que, como dijimos antes, necesita que el prudente no esté totalmente sumergido en su época, sino que tenga un pie, un ojo, un algo por fuera de ella para poder aprehender lo que no responde a las promesas de felicidad total y permanente.

Sobre una decisión insondable, la aceptación o el rechazo

Cuando un niño llega al mundo, además de traer su carga genética y de nacer en determinadas circunstancias (de lugar, momento, tipo de padres, etcétera) recibe lo que llamaremos un baño de lenguaje, diferencia fundamental con los animales. Somos seres hablantes. Este baño comienza antes del nacimiento y se transforma al nacer en un cúmulo de sonidos que poco a poco irán diferenciándose en tonalidades con sentido de aceptación o rechazo, de amor o desamor, y luego en palabras con un sentido y con posibilidades de producir malentendidos. Un niño que sufra el rechazo de una creación o de una solución hallada ante cierto problema, se verá afectado por ese rechazo. ¿Pero cómo? Puede resultar un niño inhibido por temor a repetir la experiencia de rechazo, pero también puede devenir desafiante sin tolerar un nuevo desaire, resultar un tenaz inventor o un testarudo incapaz de adaptarse a una situación imprevista. Este ejemplo nos sirve para subrayar que no hay una relación directa causa-efecto entre lo que le toca vivir a un niño y su conducta futura. Entre la experiencia de vida y la respuesta hay una especie de decisión que orienta el resultado de la ecuación personal. Pero de esa decisión nada sabremos hasta ver sus efectos. El niño que se enfrenta a algo nuevo se dirige al adulto para que lo ayude a responder o para que responda por él. De la respuesta del adulto depende que el niño vaya adoptando las actitudes que lo caracterizarán. Pero no sólo de eso, pues también es fundamental su aceptación o su rechazo ante las respuestas del adulto.

¿Quién es responsable?

No es lo mismo acompañar que criticar o castigar a un niño que sufre. No es lo mismo dejar que se las arreglen solos que procurarles una solución propia o acudir a un profesional, según lo que les inspire más confianza y lo que crean más eficaz. Y de esto sí son responsables los padres, porque son ellos quienes deciden. Hay un abanico de tratamientos posibles, pero básicamente están los que toman en cuenta los dichos de los niños y los que no.

Dar la palabra

Dar la palabra al niño es una buena manera de abordar su malestar. Esto es válido aun para los problemas o enfermedades de causa probadamente orgánica, e incluso si se tiene la hipótesis de una causa biológica. De todos modos habrá que convivir y hacer algo con eso. Sin tener en cuenta lo que el niño tiene para decir, sólo podremos aspirar a tratamientos en serie, iguales para todos, que no tienen en cuenta lo propio de cada uno. Nada peor para el futuro de un niño que negarle su singularidad, su ser único.

Los autores

GRACIELA SOBRAL nació en Buenos Aires, Argentina, y vive en Madrid, España. Es psicoanalista, miembro de la Escuela Lacaniana de Psicoanálisis (ELP), de la Asociación Mundial de Psicoanálisis (AMP), y docente del Nuevo Centro de Estudios de Psicoanálisis perteneciente al Instituto del Campo Freudiano. Ha dirigido Orexis, Centro de Investigación y Tratamiento de Anorexia y Bulimia, y es responsable del Programa de Diagnóstico y Tratamiento de Trastornos de la Alimentación en el Servicio de Salud Mental de Moratalaz-Vicálvaro. Ha publicado distintos artículos en revistas, libros colectivos y el libro *Madres, anorexia y feminidad*, de su autoría.

JOSÉ RAMÓN UBIETO PARDO es psicólogo clínico y psicoanalista español, miembro de la Escuela Lacaniana de Psicoanálisis y de la Asociación Mundial de Psicoanálisis. Asimismo, es profesor de la Universitat Oberta de Catalunya (UOC) y consultor de los Programas AEU (Altos Estudios Universitarios) del Instituto de Neurociencias y Salud Mental de Barcelona, en colaboración con la Universidad de León. Colaborador habitual del diario *La Vanguardia*, cuenta con varios libros publicados y diversos artículos en revistas nacionales e internacionales. Autor de *TDAH. Hablar con el cuerpo* (2015).

GUSTAVO STIGLITZ nació en Buenos Aires, Argentina. Es psiquiatra y psicoanalista miembro de la Escuela de la Orientación Lacaniana (Buenos Aires) y de la Asociación Mundial de Psicoanálisis, supervisor del Servicio de Salud Mental Infanto-Juvenil en los Hospitales Argerich, Junín, Sofía T. de Santamarina y Ezeiza, de la Provincia de Buenos Aires, miembro del Comité Ejecutivo del Departamento de Estudios sobre el Niño en el Discurso Analítico del Instituto Clínico de Buenos Aires, coordinador en Argentina de la Nueva Red CEREDA (Red Internacional para el Estudio y la Investigación sobre el Niño en el Discurso Analítico), director del Centro de Investigación y Docencia de Salta. Instituto Oscar Masotta y responsable en Argentina del Observatorio sobre Infancia Medicalizada de la Federación Americana de Psicoanálisis de la Orientación Lacaniana (FAPOL).

Es docente en seminarios en la Escuela de la Orientación Lacaniana y en el Departamento de Estudios sobre el Niño del Instituto Clínico de Buenos Aires y el Instituto Oscar Masotta. Entre sus publicaciones se encuentra *Psicoanálisis con niños: sexuación y síntoma* (Adela Fryd y otros, Buenos Aires, Tres Haches, 2001).

LIZBETH PONCE nació en Caracas, Venezuela, y vive en la Ciudad de México. Es médico cirujano, psiquiatra de adultos y paidopsiquiatra. Psicoanalista miembro de la Asociación Mundial de Psicoanálisis (AMP) con amplia experiencia con niños y adolescentes. Ha sido también docente en el posgrado de psiquiatría infanto-juvenil de la Universidad Central de Venezuela.

IVÁN RUIZ ACERO nació en Barcelona. Es psicólogo clínico con actividad profesional en el Centro de Desarrollo Infantil y Atención Precoz de Igualada y psicoanalista en el Servei dátenció i consulta d´Apinas. Es miembro de la Escuela Lacaniana de Psicoanálisis y la Asociación Mundial de Psicoanálisis. Es también coordinador de los espacios para niños y adolescentes con autismo de la Asociación TEAdir, autor del libro *Otras voces escritas* (2015) y coautor del libro *No todo sobre el autismo* (2013). Dirigió el documental *Otras voces. Una mirada diferente sobre el autismo* (2013). Coordina un grupo de investigación en la Sección Clínica de Barcelona del Instituto del Campo Freudiano.

JUAN MITRE es psicoanalista con práctica clínica en el ámbito hospitalario y en consultorio privado con adolescentes. Desde hace diez años coordina talleres y un dispositivo de conversación con adolescentes que se inscribe como un laboratorio de investigación en el CIEN (Centro Interdisciplinario de Estudios sobre el Niño). Asimismo es responsable del seminario Clínica con adolescentes en la Escuela de Formación Clínica en Psicoanálisis del Colegio de Psicólogos de la Provincia de Buenos Aires. Es miembro de la Escuela de la Orientación Lacaniana y de la Asociación Mundial de Psicoanálisis. Licenciado en psicología por la Universidad de Buenos Aires. Instructor de residentes de psicología en el Hospital Manuel Belgrano, de la Provincia de Buenos Aires, Argentina. Autor del libro *La adolescencia: esa edad decisiva* (2014).

MIRIAM MARTÍNEZ GARZA es licenciada en lengua y literaturas modernas inglesas por la UNAM. Desde 1997 es editora y gestora cultural de proyectos para niños, jóvenes, padres y adultos que trabajan con ellos. Sus intereses de investigación se han dirigido a los estudios psicoanalíticos sobre los niños. Ha trabajado en el sector editorial tanto privado como público, en el que destaca su trabajo como directora del área editorial de literatura infantil en el Fondo de Cultura Económica y en la Coordinación Nacional de Desarrollo Cultural Infantil y Juvenil en el Consejo Nacional para la Cultura y las Artes, desde donde impulsó un trabajo cultural enfocado en la diversidad de infancias y juventudes del país. A lo largo de su trayectoria ha publicado más de 350 títulos para niños, algunos de los cuales cuentan con premios nacionales e internacionales.

¿Qué tanto conozco a mi hijo?, de Miriam Martínez Garza y Gustavo Stiglitz,
se terminó de imprimir en mayo de 2016
en los talleres de
Litográfica Ingramex, S.A. de C.V.
Centeno 162-1, Col. Granjas Esmeralda, C.P. 09810 México, D.F.